Amazonセラーのあなたに贈る！

国内物販の一歩先の「物販ビジネス」の教科書

櫻井あみ 著

セルバ出版

はじめに

あなたは今、仕事をされていますか？

正社員で働いている人かもしれませんし、アルバイトしながら夢を追いかけている人かもしれませんね。はたまた、育児や介護に追われて働きに出られない人かもしれません。

あなたが今どんな状況であれ、本書を手に取ったということは、今の状況を変えたいと思ったからではないでしょうか？

本書では、シングルマザーの私が今現在もメインで取り組んでいる「物販の一歩先のビジネス」をご紹介いたします。現状を打破したいと考えている方が、〝今の生活スタイルを変えないまま〟始められるビジネスです。

何か新しいことを始めるときに、時間の制約がなかったり、ライフスタイルに支障や負担がなかったりってすごいことだと思うんです。私自身、子どもの学校行事や習い事、主婦業もあるため、新しく収入の柱を構築したいと思っていても、実際にその時間を捻出するのは難しいと思っていました。

しかしながら、このビジネスモデルはスキマ時間を上手に使えて、きちんと取り組むことができました。

週末しか時間の取れない方や、1日1時間しか時間が取れない方にも自信を持って、おすすめします。

このビジネスと出会ったのは、２０１９年10月。もちろん初心者・未経験の状態からスタートしました。そんな私でも２０２０年12月には月商１０００万円を達成しています。私の場合はこれでも時間がかかったほうでしたが、早い人は2～３か月で結果を出しています。つまり、大きく収入を上げるにあたって、時間もさほどかからないということです。

また、よくある〝今だけのトレンドのビジネスモデル〟ではないため、この先何年も長く続けられます。そして、今が成長期に入ったばかりのビジネスモデルのため、飽和することもありません。まさに、これから副業としてスタートする人にもオススメのビジネスモデルです。ぜひ本書を何度もお読みになり、ビジネスの可能性を広げていただければと思います。

そして、すべてのシングルマザーの方に少しでも勇気を与えられたら幸いです。

一緒に「限界の枠」を越えて行きましょう！

櫻井　あみ

２０２1年6月

Amazonセラーのあなたに贈る！　国内物販の一歩先の「物販ビジネス」の教科書　目次

第7章　作業効率を大幅にアップさせる6つの秘訣

第1章　物販ビジネスの一歩先へ

1　給料以外の収入の柱は構築されているか

キャッシュポイントは複数持つ時代

「正社員だから安泰だ」という時代はもうとっくに終わりました。大手企業でさえ、事業縮小や倒産してしまう時代です。ということは、リスクヘッジのために収入の柱は何本あってもよいですよね！　むしろ先行き不透明な今の時代、給料だけに頼っているのは危険です。収入の柱は複数持つべきと言えるでしょう。

起業家の方も、取引先やキャッシュポイントは複数お持ちかと思います。1社としか取引がないと危険です。その取引先が潰れてしまえば終わりですし、契約期間の満了でも終わってしまうからです。

たとえそれが違う業種だったとしても、リスクヘッジのためにキャッシュポイントは複数持っておくべきです。

今や「大副業時代」に突入しています。公務員でさえ副業が許されるかもしれない、そんな時代なのです。

「収入の柱が複数もある」と言えば聞こえはよいですが、逆に言えば収入の柱を複数持たないと、この不安定な情勢で生き残っていくことは難しくなっているというほかありません。企業が副業O

Ｋとしているのであれば、それは「うちの会社はこれ以上あなたのお給料を上げられないから、自分の食い扶持は自分でつないでね」というサインかもしれません。

とはいえ、私たちは皆等しく1日24時間、身体も1つしかありません。ということは、今やっている仕事の他に、深夜でコンビニのアルバイトを増やすという選択肢はあまりオススメしません。結局これって、睡眠時間を削ることになるからです。

では一体、本業の合間のスキマ時間でできるようなビジネスは存在するのでしょうか？　しかも、ビジネス未経験でもできる副業はあるでしょうか？

本業でも副業でも大きな収益を上げられる方法を紹介

本書では、給与以外の安定した収入の柱となる副業を紹介しますが、これは私が今本業として取り組んでいるビジネスでもあります。つまり、本業としても副業としても、大きく収益を上げられる手段の１つです。

副業で始められる方にとっては、今の生活スタイルを崩すことなく取り組めますので、副業にあまり時間をかけられない方にとっても、オススメの内容となっています。

そしてもちろん、ビジネス未経験の方でも取り組むことができます。私も始めたばかりの頃は右も左もわからない状態からスタートしました。副業や新たな取り組みをスタートするのに遅すぎるということはありませんが、この先の人生で一番若いのは「今日、まさに今」ですよね。ですので、キャッシュポイントを複数持つのであれば、そして何か新しいことを取り入れるのであれば、ぜひ、今日この日からスタートしてみてください。

2　大副業時代にあなたが取り入れるべきモノとは

人気のオンラインビジネス

収入を増やすため、じゃあ副業を始めようと思ったとき、あなたは何をチョイスしますか？
世の中には、たくさんの副業があります。特に今の時代はオフラインからオンラインへ、テレワークやリモートワーク、オンライン商談などが定着してきた今、副業もオンラインビジネスがとても人気です。

今が流行りの「ＹｏｕＴｕｂｅ」や「ＴｉｃｋＴｏｃｋ」、安く仕入れて高く売る「せどり・転売」、スマホ1つ自宅で完結の「アフィリエイト」、はたまたリスクもあるけれど大きく稼げる可能性のある「投資」。もちろんどれも間違いではないし、きちんと行動すれば結果は後から伴います。

未経験者でも気軽に始められる物販

じゃあ、ビジネス初心者でもできるものって何だろう？　即金で収入が得られる副業って何だろう？

そう考えたとき、普段本業をお持ちの方でも、育児や介護に追われている方でも、ビジネス未経験者の方でも、気軽に始められるビジネスは、ズバリ「物販」です。

ひと口に「物販」と言っても、物販の中には様々なジャンルがあります。せどり、中国輸入、輸出販売、ＢＵＹＭＡ無在庫販売など、難易度もそれぞれ違います。

ただ、ジャンルや難易度は違えど、実は物販ビジネスって成功者のほとんどの人が通る道なんです。

「安く仕入れて高く売る」という商流の基本が身につき、敷居が低く、副業としても始めやすいビジネスだからです。在宅やリモートワークが増えた時代背景からも、買い物はネットショッピングという方が非常に増えています。物販は今まさに時流に乗った稼ぎやすいビジネスモデルであり、かつ今後もニーズが強くなっていくことは間違いないと言えます。そして、再現性が高い上、キャッシュフローが抜群にいいのです！

５年後、10年後になくなる職業はたくさんありますが、物販は絶対になくなりません！「10年経ったら物買うのやめるわ」なんて人、いませんものね（笑）。

物販の一歩先のビジネスがオススメ

もしあなたがビジネス初心者であるなら、比較的小資金で始められ、即金性バツグンで初心者でも結果が出やすい物販をオススメします。

そして、私が今回あなたにお話しするのは、そんな物販ビジネスよりもさらにリスクを除外した、「物販の一歩先のビジネス」です。

副業をやったことがないなど、ビジネス初心者の方にももちろんオススメのビジネスモデルですが、もしあなたがアマゾンやヤフーショッピング、楽天市場に出品しているセラーであれば、今のビジネスを更に飛躍させる起爆剤となります！

ぜひ本書をしっかりとお読みになって、参入してみてください。

3　物販経験者なら知っておくべきライバルが少ない物販市場

せどりを始めて8か月で月高1000万円達成……でもしんどかった

せどりを経験したことがある方は共感していただけると思いますが、きちんとリサーチして正しく仕入・販売を行えば、行動した分だけ収益が上がります。

私もせどりを始めて8か月で、月商1000万円を達成することができました。これだけ聞くと「すごい！」と思う方もいらっしゃるかもしれませんが、実際は日中仕入れて夜は梱包作業、翌朝仕入に行く前に発送手続……という生活を毎日欠かさずやっていたので、正直かなりしんどかったです（苦笑）。

せどりは行動量がしっかりと結果に表れるビジネスではありますが、基本的に誰でも参入できるビジネスのため、市場はレッドオーシャン、ライバルはかなり多いです。

例えば昨年のクリスマスシーズンには「鬼滅の刃」のおもちゃが大人気でしたが、販売しているセラーはアマゾン市場だけで５００人以上。

販売人数が多いということは、その分、値崩れする確率も高くなります。せっかく仕入ても、赤字になってしまったら本末転倒ですよね。

商品を独占販売できて価格競争が起こらないビジネス

では、そんなライバルたちと価格競争をすることなく、市場を独占できたらどうでしょうか？

通常、アマゾンや楽天、ヤフーショッピングなどで販売すると、利益額は大体10％～20％、高くても30％いかないくらいです。

これからお伝えするビジネスモデルは、商品を独占販売できるため、価格競争が起こりません。つまり、利益率がものすごく高く取れるんです。

物販ビジネスをするのであれば、価格競争にならない商品を扱いたいですよね。飽和しない市場で独占して販売できるなんて、最高じゃないですか？

なぜそんな美味しい市場が残っているのか不思議に思うかもしれませんが、この市場は初心者が簡単に参入できるイメージをお持ちの方が少ないからです。

というよりも、「難しそう」とか「私には縁のない市場だ」と思っている方が多いでしょう。

知っているか知らないか、だけで可能性は大きく広がりますので、知らなかった方は本書でその全貌を知って、ライバルセラーと大きく差をつけてください。

4　物販なのに先入金・後出金⁉

先に販売して入金されてから発注というビジネス

物販ビジネスは、基本的に仕入れて販売、売れたらお金が入ってくる仕組みです。

つまり、先出金・後入金です。しかし、本書でお伝えするのは先に販売し、入金されてからの発注で問題ありません。つまりは、完全後払いなのです。

物販ビジネスでありながら、先入金・後出金でも問題のないビジネスモデルなのです！　ということは、仮に資金がゼロだとしても始められますよね！　仕入資金がない、という方にもオススメです。

また、国内せどりをやられている方は、家電量販店やおもちゃ屋、もしくは卸業者から仕入れて、自分のマージンを乗せて販売します。

なので、いかに安く仕入れられるかが重要になってくるわけですが、それでも基本的には定価がある商品ですから、よっぽど限定販売の希少な商品（プレ値商品）でないと利益は10％～よくても30％くらいですよね。この価格差が少なければ少ないほど、利益ももちろん減ります。

【図表1　商流と価格の割合（おもちゃの場合）】

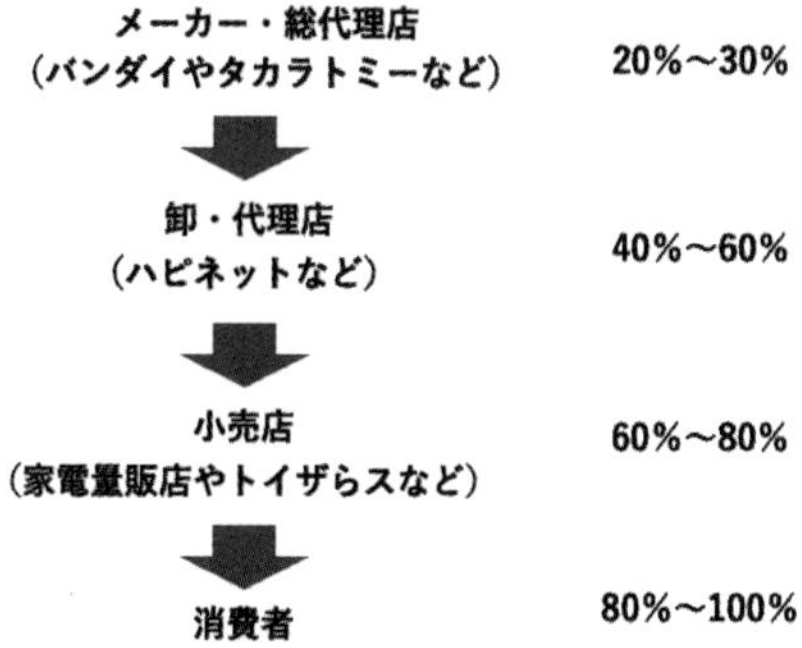

図表1が通常の商流と利益の割合です。

わかりやすくいうと、国内せどりをやられている方の利益は、トイザらス↓消費者の間に入る感じです。どうでしょう、価格差転売ではなかなか大きく収益を上げるのは難しそうだと思いませんか？

では、ハピネット↓トイザらスをすっ飛ばして販売できたらどうでしょうか？　かなり高い利益率が見込めそうですよね！

本書でお伝えするビジネスは、まさにこのハピネットからトイザらスまでをすっ飛ばしてしまうお話です！

そう、バンダイ↓消費者へ直接お届けする、D2C（Direct to Consumer　ダイレクト　トゥ　コンシューマー）という商流で、メーカーや総代理店から直接お客様へお届けする流れです。ということは、利益率も60%〜80%も現実的なんです。

自分がメーカーや総代理店の立ち位置につけるということは、ライバルセラーに大きく差をつけることはもちろん、値崩れの心配もありません。

5　在庫リスクのない物販ビジネス

売れた分だけ発注するので在庫リスクがない

ＢＵＹＭＡなど、無在庫でできる物販も存在しますが、基本的に物販といえば在庫を抱えて販売します。

私自身、アマゾン物販を今でもやっているからわかりますが、アマゾンの倉庫に商品を送っても、売れなければ倉庫保管費用が発生します。大きめの家電なんかを扱っていると、保管費用も高くなります。

自宅で保管するにしても場所を取るし、売れなかったらどうしよう……という在庫リスクは少なからずついて回ります。

また、昨今ではアマゾンのカタログが消されてしまうこともあり、新たに自分でカタログを作成するか、ヤフーショッピングや楽天、フリマサイトなどの別の販路で販売しなければならないなど、ひと手間もふた手間もかけることが多くなってきました。

おまけに、仕入をしなければ販売できる商品もありませんし、販売しなければマネタイズができないということは、ずっと行動し続けなければなりませんよね。

しかし、先ほどもお伝えしたように、本書でお伝えするビジネスは売れた分だけ発注すればよいため、在庫リスクは全くありません。初期不良など予期せぬ事態に備えて多めに発注したとしても、在庫リスクは数個程度。リスクなしと言っても過言ではありません。

私自身、アマゾンにもヤフーショッピングにも出店しているので、初めてこの仕組みを知ったときは「そんなのあり？」と思いました（笑）。

アカウントリスクもない

また、アマゾンなどで販売していると、そのプラットフォーム独自のルールがありますよね。例えばメルカリなら、医療品は取り扱ってはいけないとか、無在庫で販売してはいけない、とか。アマゾンの場合だと、新規セラーには出品できないカテゴリーがあったり、販売するためには都度書類を提出しなければならなかったりします。

そして、こういうルールを破ったりすると、ペナルティーが課せられたり、最悪の場合はアカウント停止になったりしかねません。

一方、本書でお伝えしている『物販の一歩先のビジネス』は、アカウントリスクがほぼありません。金額や納期などルールは自分で決められますし、競合がいないので、かなり自由にビジネスすることができます。

自由にルールを決めると言っても、もちろん商品によっては販売許可が必要なものもありますが、よほど重大な違反をしない限り、アカウントが止められることはまずありません。

6　成功への最短ルート!?　欠点のないビジネスの正体

初心者でもできる「資金調達」

せどり経験者からすると、めちゃくちゃ知りたい内容かと思いますが、そろそろ教えてよという声が聞こえてきそうですね（笑）。

実はこのビジネス、「クラウドファンディング」、通称クラファンです！　最近ではＣＭでもよく見かけるし、聞いたことある！　という方もいらっしゃるのではないでしょうか？

でも、クラウドファンディングって資金調達のことでしょ？　ものづくりの会社が資金調達をするために行うことじゃないの？　マネタイズできるというイメージが湧かないんだけど！　という方も少なくないと思います。

そうなんです。クラファンは資金調達ができる場です。そして、あなたがメーカーでなくても参入できるビジネスなんです！

実は、在宅で簡単にできるインターネットビジネスが多く存在する中、「クラウドファンディング」は時流にも合った、初心者でもできるビジネスとして、とてもオススメなんです！

なぜならば、クラウドファンディングにはあなたが実際に商品をつくっていなくても、日本の総合販売店として活躍できるカテゴリーがあるからです。

ビジネス経験者も未経験者も皆等しく、「クラファン」が人生を変えるといっても過言ではありません。というのも、本当にビジネスマン冥利につきますが、物販の流れを丸ごとコントロールできるようになるんですよ。

テストマーケティングで何百万と売上を上げ、その後一般販売で軌道に乗せ、販促活動することなく商品が売れていくようになるんです。

将来的には何千万円、億円単位の売上を上げることも現実的に起こり得ます。詳細は後述するので、ぜひワクワクした気持ちで読み進めてくださいね。

自分でビジネスする心構え

さて、クラウドファンディングビジネスについて詳しくお伝えする前に、ぜひ知っておいてほしい重要な要素があります。

それが、マインド（心構え）の部分。副業と言えど、やはりご自分でビジネスをしていくわけですから、責任感を持って取り組まなければなりません。

今後大きく展開していける、可能性あるビジネスではありますが、せっかくその方法を知っていても、ビジネスマインドが欠落していると、大きなトラブルになってしまったり、損失を生んだりすることにもなりかねません。

次章ではビジネスを始める前の重要な心構えの部分についてお伝えしていきます。

【図表２　クラウドファンディングのイメージ画像】

第2章　1億円を稼ぐ極意

1　成功への近道と収入アップの秘訣

望む収入を得るなら、その収入を得ている人と行動を共にすること

あなたは、月にいくら稼ぎたいですか？　年間、いくらの収益を得たいですか？

あなたが望む収入を得るには、その収入をすでに得ている人と行動を共にすることが一番の近道です。

よく、『普段一緒にいる5人の人の平均年収が自分の年収だ』と言いますよね。ぜひ普段一緒にいる人と、ご自分の年収を思い浮かべてみてください。

概ね合っているのではないでしょうか？　つまり、月に100万円の収入を得たい人は月収100万円の人と、月に1000万円の売上をあげたい人はすでに毎月1000万円の売上がある人と一緒にいると、自然と自分も引き上げられるんです。

塾やコミュニティーがいい例ですね！　実際に大きく収益をあげているメンターや講師、先輩から直接学び、力をつけていく。実際に稼いでいる人の真似をするということは、すでに結果が出ている方法を取り入れることなので、リスクは全くありませんし再現性も高いのではないでしょうか。

そして、そんな人たちと行動を共にすることは、彼らのマインドも自然と自分に擦り込めます。

これが、成功者への一番の近道です！

自分の周りに稼いでいる人がいないとき

塾やコミュニティーに入っていない、自分の周りには大きく稼いでいる人がいない……という方は、意識の高い人が集まる場所やセミナーに行ってみてください。そこに必ずヒントがあります。

無料セミナーでも内容のいいセミナーはありますが、ここはぜひ有料のセミナーへ行かれることをおすすめします。なぜならば、無料だとありがたみがないからです。

身銭を切るからこそアンテナが張り巡り、何かしらの学びや気づきが得られます。そして、お金をかけるからこそ、「そこへ行く目的」をしっかりと持ってください。「誰」と知り合いたいのか、「何」を得たいのか。

私も起業したての頃は毎週のようにビジネス交流会や名刺交換会に行きましたが、明確な目的がなかったため、名刺交換だけで満足してしまっていました。その後のビジネス展開を全く考えていなかったのです。今となると、本当にもったいなかったなと感じます。

セミナーも同じです。時間とお金をかけて行くのに、「ああ、いい話が聞けた」だけで終わってしまうのは非常にもったいないですよね？　何のためにそのセミナーを受けるのか、受けた後、自分はどう変わりたいのか、それが明確だと、脳が無意識にアンテナを張り巡らせてくれます。

これを「引き寄せの法則」と言います。ビジネスのアイデアがふっと降りてきたり、質のいい人と知り合えたり、大きなチャンスが巡ってきたりします。

ビジネスシーン以外でも使えることですので、何に対しても目的は明確にしましょう！

スマホの待ち受け画面にする

余談ですが、私は毎年、夢と年間の目標を手帳に書き、それをスマートフォンの待ち受け画面にしています。スマホの画面は毎日何度も見るものですから、無意識レベルに脳に落とし込んで、引き寄せられるように、という魂胆です（笑）。

そんなので夢が叶ったら苦労しないよ、と思う方もいると思いますが、強く願えばその分、行動力も伴いますよね！　何も行動しないで夢が叶うことはありませんが、行動すれば必ず夢に近づきますし、目標も達成できます。

ぜひあなたも目標・目的を明確にして、成功への近道を進んでください！

2　成功の共通点！　ビジネスチャンスを掴む秘訣

ビジネスチャンスをものにする

あなたは今まで、何か仕事やお願いをされて「できません」「私には無理です」と言ったことはありますか？　もしあるのであれば、今日を境にやめましょう！　というのも、実はこれ、めちゃくちゃチャンスロスなんです。

そもそも、できない仕事はやって来ません。相手も、あなたならできると思って依頼をしてくれています。何かトラブルや問題が起きたときも同じです。超えられない壁はやって来ません。

できる根拠が何もなかったとしても、「自分ならできる！」という自信と、「絶対にやりきってみせる！」という熱意だけで乗り切れる課題って、実はたくさんあります。

とは言っても、人はつい他人と比べてしまう生き物。「あの人はできているのに私にはできない」とあなたもそんな気持ちになったことが一度はあるのではないでしょうか？

でも、大丈夫。誰だって最初は初心者です。やったことがないのだから、最初はできなくて当然ですし、最初からできる人なんていません。今すでに仕事がすごくできる人だって、「初心者だった頃」があるんです。

大事なのは、そういうビジネスチャンスが来たときに、「やります！」「できます！」と即答できるかどうか。結果が出るのは、その後の行動次第ですもんね。

もしあなたが今、今までやったことがない課題や超えたことのない壁に直面しているのであれば、あるいは今後、そういった問題にぶつかったときには、「私には無理……」とハナから諦めず、「自分に壊せない壁は　そもそも来ない！」と積極的に挑戦してみてください。

それこそが、チャンスを掴む秘訣なのです。根拠のない自信でいいのです！

ぜひ自分を信じてチャレンジし、大きなチャンスを掴んでいってください！

とりあえず挑戦する

そして、これは持論ですが、私は何かに挑戦したり、やる・やらないに迷っているときは、とりあえずやってみます。

というのも、やって失敗して後悔するよりも、やらなかったことに後悔するほうが引きずるからです。「あのときやっておけばよかった」って、一番もったいない後悔だと思いませんか？　だって、自分で選択できたわけですよね。

迷ったときは、とりあえず挑戦してみる、ということも選択肢に入れてみましょう！

3　ビジネスを加速させるシンプルな思考

成功者のアドバイスや教えを取り入れて、素直に行動する

成功する人としない人、稼げる人と稼げない人の違いは何なのか？

いろんな要因があると思いますが、私が普段から意識しているのは、「成功者からのアドバイスや教えを取り入れて、素直に行動すること」です。

例えば、メディアで有名なパティシエやプロ野球選手、ライターや漫画家でさえ、最初から我流の人はほとんどいません。師となる人から学び、吸収し、何度も何度も練習することで、自分の型ができていきます。「守・破・離」と言いますね。

ということは、まだあなたが結果を出せていないのであれば、まずはその分野の成功者からアドバイスや学びを取り入れなければなりません。

今のあなたの〝日常〟にないものを手にしようとしているわけですから、あなたの価値・基準でがむしゃらに行動するのではなく、成功者のパターンを取り入れたほうが、より成功に近づけますよね。

本業があったり、家事があったりなど、人それぞれ立場や責任はあると思いますが、夢や目標に自分を合わせることで、自分の基準が上がります。

自分の殻から一歩出る

まずは自分の殻から一歩出ることを意識しましょう！

そして、１日の終わりにその日の振り返りをしてみてください。

今日１日、全力で取り組むことができたのか。

今日１日を全力で頑張れなかった人に、明日１日を全力で頑張ることはできません。

明日１日を全力で頑張れない人に、１か月先を全力で頑張ることはできるわけがないのです。

もし「今日はサボっちゃったな」とか「もう少し頑張れることがあったな」と反省点があるのであれば、明日はきっと全力で取り組めます。

そんな毎日の振り返りをすることで、毎日少しずつ、成長できます。今日より１ミリでも成長できればすごいことです。昨日より今日の自分、今日より明日の自分。ぜひ毎日、１日１日を大切に全力で向き合ってみてください。

夢や目標をしっかり見据えて、そのためにはどうしたらよいのか計画を立て、その計画を1日単位で落とし込んで実行し、小さな成功体験を繰り返してください。

小さな成功を積み重ねることによって、目標は達成し、夢は叶うものとなります。

4 あなたの成長を促進させるスパイス

新しい環境での違和感は成長の証

何か新しいことを始める際や、新しい人脈の輪に入る際、緊張や違和感を感じたことはありませんか？　例えば新しい職場に配属されたとき、勉強や学びのための塾やコミュニティーに入ったとき、新たなビジネスに参入したときです。実は、そういった新しい環境での違和感こそが、あなたの成長を促進するサインになっています。

誰しもが同じ環境に居続けると、慣れが生じ、居心地もよくなっていきます。こうなると人は成長を止めてしまいます。

「あの人と会うの緊張するんだよね」「私、場違いじゃん」「ここにいていいのかな」この居心地の悪さこそ、あなたが今まさに成長しようとしている証。

1日中、家でゴロゴロしていたら失敗はしません。当たり前ですよね。

しかし、それでよいのでしょうか？　特にコロナ禍の今、外出する機会も減っています。こんなときこそ、成長を促進させるスパイスが必要ですよね。

こうやって本書を手に取り、一生懸命読んでいただいているあなたは探究心があり、よりよい人生を送るための学びを深める努力をされている方だと思います。そんなこと言われなくてもわかっているよ、と思う方もいらっしゃるかもしれません。だけど、あえてお伝えします。

あなたは、日々学んでいますか？

挑戦していますか？

違和感を感じていますか？

もし答えがＮＯならば、ぜひ今日から行動を起こしてみてください。人と会うことだけではありません。たくさんの本を読んで知識をインプットしたり、学んだことを書き出したり声に出したり。

ぜひアウトプットもしてみてください。

自己紹介は大事

余談ですが、私は以前、会話術を学びました。沢山ある話法の中で一番練習したのが、自己紹介。自己紹介って練習するものなの？　と思うかもしれませんが、自己紹介ってすごく大事。初めてお会いする方に自分がどんな人間か知ってもらう最初のチャンスだからです。長すぎても飽きられるし、短すぎると伝えられない。

そこで、自分の生い立ちや今の現状、そして将来の夢や目標を、３分で簡潔にまとめた「嫌われない自己紹介」を何度も練習しました。

初めのうちは違和感がすごかったです。鏡を見ながら自己紹介の練習をする自分が滑稽で笑えました（笑）。

しかし、最初は恥ずかしかった自己紹介も何度も練習するうちに、娘に向かって話せるようになりました。娘に話せるようになったら、学んでいるコミュニティー内で話し、ビジネス交流会に行ったときにも話せるようになりました。

私が自己紹介を何度も練習したのは、初めて会った人に「面白い！」「この人と一緒に仕事がしたい！」そう思ってもらいたかったからです。

努力って身を結ぶもので、３分間自己紹介が違和感なく話せるようになってから、仕事の契約もスムーズに取れるようになりました。

何が言いたいかというと、最初は違和感を覚えることでも、何度も何度も反復することでできるようになります。自分の「基準」が上がるのです。基準が上がると、次のステージに挑戦できるようになり、様々なことが好循環していくようになります。

失敗は成長の証

もちろん、何かに挑戦すると失敗も当然増えます。「失敗」というとネガティブなイメージをお持ちの方もいると思いますが、失敗した数が多ければ多いほど、挑戦している数も当然、多いということですよね？　つまりは、成長の証です。

人生は一度きり。後悔しないためにも、成長を止めず挑戦し続ける自分でありたくはないですか？ぜひ、あなたが望むあなたらしい人生を歩んで行ってください。

5　モチベーション維持は難しい？　何事も長続きする秘訣

今でも決断したときの気持ちで継続しているのか

新しいビジネスを始めるとき、塾やコミュニティーに入るとき、新しい分野に挑戦するとき、何か新しいことを始めるときは、いつだって勇気と覚悟を持って一歩踏み出すと思います。私は、「決断する」って本当にすごいことだと思うんです。

これから始まる新しいことに、ワクワクする気持ちや不安な気持ち、「もうこれしかない！」と藁にもすがる思いで決断することもあるかと思います。

そんな一大決心をされた方には本気で成功してほしいと思いますし、３年後も５年後も、「あのときの決断は正しかった！」と思いたいですよね。

一方で、時間やお金、あるいは労力をかけてご決断された新しいことに、決断したときと同じ気持ちで継続されている方はどれほどいらっしゃるでしょうか？

「私にはこれしかない！」と思って始めたことを、今でも同じ気持ちで継続されていますか？

あのとき決断しなかったら、今の自分はいない

人間ですから、誰しもが「倦怠期」を迎えます。慣れてしまったり、飽きてしまったりします。それは仕方のないことです。

大事なのは、それをどう乗り越えるか。決断したときの情熱をどう取り戻すか。

私のオススメは、「あのとき決断しなかった時の自分」を想像することです！　どうですか？　怖くないですか？

私も物販ビジネスにマンネリを感じたことがあります。毎日仕入に行って、毎日出品作業をして、毎日梱包や発送作業をして、面倒くさいと感じた時期がありました。とはいえ、物販ビジネスに出会えていなかったら、きっと今も借金地獄から抜け出せていなかったと思います。

そう思うと、億劫に感じる作業にも愛情を持って取り組むことができるのです。

もしあのとき決断していなかったら、今の自分はない……そう考えると今の倦怠期なんてすぐに乗り越えられます！

家庭や恋愛も同じではないでしょうか？　家族や恋人は長くいればいるほど当たり前の存在になり、出会った当初のような接し方は難しくなっていきます。もしあのとき出会っていなかったら、と想像してみてください。今日からまた大切にできますね。

もし、あなたが何事も長続きしない、最近やる気が起きない、という悩みがあるのでしたら、ぜひこういう視点で考えてみてくださいね。

6　成功者と呼ばれる人が共通して持っているものとは

お金でお金を働かせる仕組みの構築が成功者への道

成功者と呼ばれる人は、「収入が入ってくる仕組み」を持っています。これは自分自身が働かずともお金が入ってくる仕組みで、いわゆる、「不労所得」とか「権利収入」などと呼ばれるものです。金額が多かれ少なかれ、成功者は共通してこの仕組みを持っているのです。

世界３０００万部のベストセラー『金持ち父さん　貧乏父さん』にも書かれているとおり、お金でお金を働かせる仕組みを構築することが、成功者の１番の近道です。不労所得や権利収入というと、あなたはどんなものをイメージしますか？

株式投資による配当金、不動産投資による家賃収入、店舗のオーナー、著書の印税などが代表的な不労所得ですよね。とはいえ、これらを見ると、不労所得を得るまでの道筋はかなり遠いものだと思いませんか？

最初に莫大な資金が必要だったり、スキルが必要であったり、最初にかなりの労力を費やしたりするイメージがあると思います。

では、低資金の方や本業が忙しい方は成功者にはなれないのか？　権利収入を得ることは不可能なのか？　というと、実は違うのです。

お金も労力もほとんどかけずに不労所得が得られるビジネスモデルがあるとしたら、それはあなたにとってどれほど価値のあるものでしょうか？

クラウドファンディングビジネスなら可能

クラウドファンディングビジネスなら、それが可能になるのです。その理由は、今が伸びている市場であること、そして稼ぎやすいのにライバルの少ない、チャンスに溢れた市場であるからなのです。

クラウドファンディングそのものが不労所得になるわけではありませんが、その後の展開で、自分が働かずとも収入が入ってくる仕組みを構築していくことが可能です。もともと参入障壁の少ない物販でこの仕組みを構築できるのは、結構すごいことだと思います。

ちょっと想像してみてください。あなたが販売している、高ランキングで回転のいい商品に、ライバルがいなかったらどうでしょうか？　値崩れの心配もなく、出品しているだけでどんどん売れてくれるのです。発送作業や在庫管理も仕組み化できれば、あなたが労力をかけることはなくなりますよね。そうなったら最高じゃないですか？

これが実現できるベースとして、クラウドファンディングを推奨します。

さて、いよいよ次章から、ビジネス初心者でも大きく収益を上げられるクラウドファンディングの仕組みについてお話ししていきたいと思います！

第3章　無敵の「クラウドファンディングビジネス」とは

1　物販だけど物販ではない、全く新しいビジネスモデル

初心者がクラウドファンディングで収益を上げる方法

最近ではテレビやＣＭでもお馴染みのクラウドファンディング、通称「クラファン」。「レストランをつくりたい」「工場を建てたい」「映画を創りたい」など、こういった目的で支援者を集い、資金調達を行う場だと思っている方がほとんどだと思います。

自分で何か始めるわけじゃないから自分には関係ない、と思う方もいらっしゃるのではないでしょうか？

たしかにクラウドファンディングは資金調達を目的としています。英語にするとＣｒｏｗｄ　Ｆｕｎｄｉｎｇ、つまりは「群衆による資金調達」ですから。

しかし、実はクラウドファンディングには６つの種類が存在し、どれを選択するのかによって意味合いが変わってきます。

起案者として稼ぎたいのか、出資者として稼ぎたいのか。どれを選ぶかによって、難易度や資金調達力もそれぞれ違ってきます。

本書では、初心者がクラウドファンディングで収益を上げる方法をお伝えしますので、その中でも物販のカテゴリーに特化してお伝えいたします。

このビジネスモデルは普通の物販ではありません。というのも、アマゾン物販のように価格競争が起こりません。実は日本で独占して販売できるからです。そのため、利益率も30％以上取れることがほとんどです。

そして在庫リスクもありません。アカウント停止リスクもありません。売れてから仕入れるため、そもそも資金すらいりません。信じられないかもしれませんが、本当です。

テスト販売ができる

さらに、これはこのビジネスの肝ですが、クラウドファンディングとは「テストマーケティング」なんです。一般販売前に、市場で売れるか売れないかをテストできるのです。

一般販売前に「売れるか売れないか」を事前に検証することができれば、量産してからやっぱり売れなかったというリスクを回避できると思いませんか？

また、「クラファンは難しいんじゃないか？」という声もよくありますが、むしろ逆です！　やることは至ってシンプルですし、他の物販と比べて工程も全然少ないです！

「クラファン＝難しい」という間違った先入観があるからこそ、参入者も少なくてチャンスなんです。

さらに、国から助成金が出るくらいなので、国内せどりと比べても、格段に社会的信用度も高いビジネスです。

とはいえ、「本当に初心者でもできるの？」と思うかもしれませんね。これは本当に大丈夫なのでご安心ください。

そもそもクラウドファンディングは、初めての試み（商品・サービス）に資金を集めるためにつくられたビジネスモデルですから、年齢も経験も関係ありません。

というより、最初は誰だって初心者なのですから、あとはもうやる気次第です！

このビジネスはクラファンすることがゴールではありません。その商品がクラファン後も毎月安定して売れるようにすること。実は、これこそがこのビジネスの肝であり、すごいところなのです。

在庫・アカウント・資金など、ノーリスクでテストマーケティングができ、その後はアマゾンや楽天などのＥＣ掲載はもちろん、展開次第では大手量販店や小売店へのＢｔｏＢ（企業間）取引も狙っていけるのです。

こうなったら、もう毎月右から左で利益が生まれます！　日本でその商品を扱えるのはあなただけですから、価格競争に巻き込まれることもありません。

これ、すごくないですか？　私は初めてこのビジネスモデルを知ったとき、本当に大興奮で寝つけませんでした（笑）。物販だけど、物販じゃない、と。

あくまでクラファンは認知度を上げるためのテストマーケティング。そう思うと、なぜこのビジネスで何千万円、億円単位で売上があげられるのかも納得いただけると思います！

【図表3　6種類のクラウドファンディング】

	難易度	資金調達力	起案者として稼ぐ	出資者として稼ぐ
寄付型	○	△	不可	可
株式型	△	◎	可	可
融資型	△	◎	可	可
ファンド型	△	◎	可	不可
ふるさと納税型	×	◎	不可	不可
購入型	◎	◎	可	不可

2　初心者でも結果を出せるカテゴリー

参入できるカテゴリーは購入型

クラウドファンディングには、次の6種類が存在します。

①購入型
②寄付型
③融資型
④株式型
⑤ファンド型
⑥ふるさと納税型

この中で初心者がビジネスとして参入できるカテゴリーは、「購入型」のみです。ビジネスとして稼ぐにはこれが一番適しています。

これは、私たちが商品・サービスの起案者となり、クラウドファンディング事業者（プラットフォーム）を介して支援を募集し、支援者に私たちの商品やサービスを〝支援という形でご購入いただく〟というものです。

簡単に言えば、「支援（購入）していただいたお礼にリターン（商品）を送る関係」です。「3000円の支援をいただいたお礼にこの商品を送ります！」という文言を見たことのある人もいらっしゃるのではないでしょうか。

商品を予約販売として出品

クラウドファンディングというと難しく聞こえてしまうかもしれませんが、簡単に言えば、あなたの商品を「予約販売」として出品するということなんです。

まだ一般市場に出ていない新商品を先行購入できるサイトだと認識してもらえればわかりやすいと思います。

流れとして、あなたが売りたい商品を決め、日本のクラウドファンディングのプラットフォームで出品します。

有名なのは草彅剛さんがCMされているCAMPFIRE（キャンプファイヤー）や、「マクアケてる男」「マクアケてる妻」でお馴染みのMAKUAKE（マクアケ）など、他にも多くのクラウドファンディングサイトが存在します。

クラウドファンディングはテレビや雑誌などさまざまなメディアでも取り上げられ、認知度も徐々に高まり、まさに今、成長期に突入した市場なのです。

【図表４　クラウドファンディング応援コメント】

お客様からの入金が確認できないことは生じない

集まった支援額はプラットフォーム側から入金されますので、お客様からの入金が確認できない、という問題は起こりません。

そして、支援（購入）いただいたお客様に、入金されてからリターンとして商品を提供します。

他の物販と大きく違うのは、支援金が集まってから製造開始してもいいため、納期が３～４か月かかっても大丈夫だということ。

あなたもアマゾンや楽天、ヤフーなどで商品を購入したことがあるかと思いますが、購入してから「お届けは４か月後です」と言われたらどうでしょうか？　きっと怒ってキャンセルするのではないでしょうか。

クラウドファンディングでは、これが認められています。商品を「購入」ではなく、「支援」という形でお金をいただくため、怒るどころか応援してもらえるのです。たとえば図表４のようなコメントを見てください。

こんな温かいコメントが届いたらすごく嬉しいですよね。励みになりますし、自信にも繋がります。そしてこれは、あなたの会社や商品が無名であっても関係ありません。

クラウドファンディングは、夢と可能性あるビジネスであり、さらには国の後押しとお客様の応援をいただける、本当にやりがいのあるビジネスモデルです。

3　クラウドファンディングで収益を上げる2つの選択肢

商品やアイデアがなくてもクラファンは可能

「自社商品なんてない！　商品化するアイデアもない！」という方もご安心ください。今あなたに商品やアイデアがなくてもクラファンは可能です。

ここでは具体的に「購入型クラウドファンディング」のステップについてお伝えいたします。

まず、クラファンする商品の前提条件として、「日本でまだ売っていない商品」でないとならないことを覚えておきましょう。

日本で売っていない商品ってどんなものだと思いますか？

海外の商品を扱うってこと？　それとも新しく開発するってこと？

こんな答えが出ましたか？　大正解です（笑）。どちらも同じようにメリット・デメリットは存在しますので、１つずつ解説していきますね！

海外の商品を扱う

まず、「海外商品を扱う」について。これは、海外ですでに販売している商品の総代理店の権利を取得するということです。「日本でこの商品を独占的に販売していいよ！」という契約を海外メーカーと結びます。

本書ではわかりやすく「代理店クラファン」と呼びます。代理店クラファンは、あなたが日本の販売窓口となることで、あなたがつくった商品でなくても、クラウドファンディングすることができます。

また、海外ですでに販売されているということは、商品の販売ページが用意されているケースが多いです。つまりは、自分で商品ページを一からつくり上げる必要がないため、敷居も低く参入することが可能となります。

デメリットとしては、契約するということは相手ありきのことなので、どうしても自分の考えている通りに事が運ばない、ということです。

「この商品を扱いたい！」と思っても、契約が結べなかったり、そもそも返信が来なかったりします。もちろん、レスポンスの早いメーカーもいるので、私はこれに対してフラストレーションを感じることはありません。

また、言葉の壁を懸念される方もいらっしゃると思います。アジア諸国では日本語が話せるメーカーさんもチラホラいますが、海外メーカーとのやり取りなので、言語は英語が多いです。

が、正直に言って、英語を話せなくても問題はありません。基本的にメールでのやりとりになるので、グーグル翻訳で十分です。

仮にオンライン商談が入ったとしても、クラウドワークスやランサーズで通訳さんをつければOKです。

特にコロナ禍の今、在宅ワークの方が多いため、急な商談となっても対応してくれる通訳さんも結構多いです。1時間2000円くらいでお願いできるので、英語はめっきりダメです！という方も安心です。

新しく開発する

そしてもう1つの選択肢、「新しく開発する」ですが、これは一見、メーカーじゃない限り無理ではないか？ものすごく敷居が高いのではないか？と思われがちですが、実はこれもそこまで難しくはありません。というのも、すでに売れている商品の類似品を、自社商品としてOEMしてしまえばよいからです。

OEMとは、別会社へ発注し〝あなたの代わりにあなたのブランドを生産してもらう〟ということ。本書では「OEMクラファン」と呼びましょう。

すでに売れている商品の類似品なので、何か新しい追加機能だったり、ちょっとデザインやカラーを変えたり、かっこいいロゴを付けたり、など多少差別化する必要はありますが、0から新しく生み出すわけではないので、難易度がめちゃくちゃ高いわけではありませんよね。それよりも、自分のブランドをつくれるなんてワクワクしませんか？

もちろん、商品のデザインやページ作成、写真撮影等はご自身でやらなくてはいけないため、時間や労力はかかります。

また、ＭＯＱ（最低発注数量）が１００個とか５００個とかある場合もありますので、売れなかったときの在庫リスクも、少なからずあります。

本書では、初心者がクラウドファンディングで収益を上げることについてお話しするため、ＯＥＭクラファンについては多くは語りませんが、自分で一からアイデアを出して商品開発することに比べれば、かなりラクにオリジナルブランドをつくれる、という最大のメリットがあります。

「ＯＥＭという方法もあるんだ」ということを頭の片隅に置いておいてください（笑）。

４　ヒットする商品の絶対法則

ヒントを拾い集めて商品選定の基準にする

「代理店クラファン」と「ＯＥＭクラファン」。どちらの方法でクラファンするにせよ、「販売する商品選び」は重要になってきます。どんな人に何が売れるのか、『売れる法則』さえわかっていれば、商品選びも簡単そうだと思えませんか？

クラウドファンディングビジネスは日本のクラファンサイトで掲載します。ということは、まずはこのサイトのユーザー層を知っておかなくてはなりません。

私がターゲットにしている層は次の通りです。

・30代~50代の男性
・ビジネスマン
・出張が多い
・新しい物や最先端のアイテムが気になる
・アウトドア派

クラファンサイトのユーザーは圧倒的にこの層が多いです。

ということは、商品選定も自ずと絞れてきますね。例えば女子高生や主婦に人気のありそうな商品を出品しても、クラウドファンディングビジネスで大きく収益を上げることは難しい、ということです。

対照的に、アウトドア商品やガジェット系はとても需要のあるカテゴリーです。OEMする場合もまずはターゲットをよく理解した上で商品を選定していきましょう。

商品リサーチの簡単な方法は、日本のクラファンサイトで売れている商品を見ることです。500万円以上とか、1000万円以上の支援が集まっているプロジェクトに注目してみてください。

どんなカテゴリーの商品なのか、誰が使う商品なのか、価格やサイズはどうすればいいのか、とヒントはたくさん散らばっています。

こういったヒントを拾い集め、商品選定の基準にしてみてくださいね。

5　法人じゃなくてもＯＫ！

個人でも法人でもＯＫ

「個人でもできるのかな？」「英語話せないし、ハードルが高そう」と思う方もいるかもしれません。

結論から言えば、「個人でもＯＫ」ですし、「難しそう＝すなわちやる人が少ない」から、チャンスということですね！

私もクラウドファンディングを始めたときは、法人を持っていませんでしたし、本当に契約が取れるのかが不安でした。

そして今、実際にやってみて思うのは、「本当に初心者でも未経験者でもできるんだな」ということ（笑）。

もちろんトラブルが全くなかったわけではありません。後述しますが、「法人じゃないと取引しないよ」と言われたこともありますし、「実績のない人とは取引できない」と言われたこともあります。契約直前までいったのに、「やっぱり他の企業と契約することになりました」なんてこともありました。

でもそれは相手ありきのところなので、自分でコントロールできないことは気にする必要もありません。そういったことを含めても、クラファンはメリットのほうが大きいし、私にとっては可能性しか感じられません！

やってみるまでは不安や懸念もあるかもしれませんが、実際にやることはとてもシンプルですし、その後のビジネス展開にも期待できるため、ビジネス初心者であってもぜひ挑戦してほしいと私は思います。

もしあなたが「法人じゃないから難しいんじゃないか」や「難しそうだから私には無理」と思っているのであれば、問題ありませんので安心して読み進めてください。

私がクラファンを通して達成したことや、失敗談、気づきや発見をお伝えしていくので、1つひとつ問題をクリアにして、できない理由を潰していきましょう！

次章では、そんな代理店クラファンで優先的にやるべきことから、どのように契約を結んでいくかについて詳しく解説していきます。

初めて聞く言葉や馴染みのない作業に最初は戸惑うかもしれませんが、一度プロジェクトを経験すれば、流れも把握できますし、あとは同じ作業の繰り返しです。

何事もそうですが、最初だけはちょっぴり大変です。だけれども、ここを乗り越えてしまえば後々ラクになりますのでご安心ください。一緒に頑張っていきましょう！

第4章　契約を結ぶ営業の極意

1　あなたが日本代表に！　独占販売契約を結ぶには

海外で販売実績のある商品を日本でクラファンする方法

前章では、「クラウドファンディングビジネスは、日本でまだ販売されたことのない商品が前提だ」というお話をしました。この章では、海外で既に販売実績のある商品を、日本でクラファンするという方法をご紹介いたします！

海外メーカーと独占販売契約を結ぶためには、営業が必須です。

「営業なんてやったことがない」という方も、「そもそも英語が話せないのに営業なんてできるわけがない！」と思っている方も、ご安心ください。

契約を結ぶための営業ツールは、実は「メール」です。

海外で販売している商品を自分が総代理店となって販売する場合、「独占販売契約書」というのが必要になってきます。これは「日本でこの商品を扱えるのはウチだけですよ」という証明書のようなものです。

では、これをどうやって手に入れるのか。ずばり海外のメーカーへメールで直接アプローチです！難しく感じませんか？（笑）でも、実はこれもやり方さえわかってしまえば、とても簡単に攻略できてしまうんです！

アプローチ先の見つけ方

まず、アプローチ先の見つけ方。ただやみくもに海外のメーカーを探しても、時間はかかりますし、どうアプローチしていいのかわかりませんよね。

オススメのアプローチ先は海外のクラファンサイトに出しているメーカーです！　なぜ、海外のクラファンサイトから探すのか。それは、初めて世に出る商品が多いからなのです。ということは、日本への販路もまだ確立されていないことが予想されます。

日本でクラファンするには、まだ日本で販売されていない商品が前提なので、海外のクラファンサイトから商品を見つけてくることが一番効率がいいのです。

「既に海外でプロジェクトが行われた商品＝販売実績がある」なので、出荷されないというリスクを回避できます。そして海外で売れた商品ということは、日本で売れる可能性も高いですよね！

また、クラファンしているということは、「日本で代わりに販売しますよと」いうオファーは喜ばれることが多いです。逆の立場をイメージしてみてください。

あなたの会社で新しく商品を開発し、まずはテストマーケティングでクラファンする。すると、韓国やマレーシア、アメリカやイギリス、ドイツなどから「御社の商品をうちでも販売させてもらえませんか？」というオファーが来たらどうでしょうか？

あなたの商品を一気に世界へ広げていけるチャンスですよね！　間違っても、「この商品は日本でしか販売しません！」なんてことは言わないことをおすすめします（笑）。

【図表５　著者がよく使うクラファンサイト】

KICK STARTER

淘宝网 Taobao.com

wadiz

INDIEGOGO.

嘖嘖

海外のクラファンサイトから営業

このように、クラファンすると世界へ販路を広げていけるチャンスもあるため、前向きに検討してくれる海外メーカーが多いのです。だからこそ、海外クラファンサイトから営業をかけましょう！

海外にはたくさんのクラファンサイトが存在しますが、私がよく使っているのは次のとおりです（図表５）。

・ＫＩＣＫＳＴＡＲＥＲ（キックスターター）
・ＩＮＤＩＥＧＯＧＯ（インディゴーゴー）
・ＷＡＤＩＺ（ワディズ）
・ＴＡＯＢＡＯ（タオバオ）
・ｚｅｃｚｅｃ（ゼックゼック）

プロジェクトページにメーカーの連絡先が書いてありますので、そこへメール営業をします。メールの代わりに、インスタグラムやフェイスブックページの情報を記載しているメーカーも多いです。

例えば、図表６は韓国のＷＡＤＩＺというサイトですが、

【図表６　WADIZのトップページ】

ページを下にスクロールしていくとプロジェクトがたくさん並んでいます。

気になるプロジェクトをなんでもいいのでクリックしてみてください。

ちなみに私は、ハングルは全くわからないので、いつもグーグル翻訳で日本語に翻訳しています。英語も中国語もフランス語を翻訳するときも同じ要領です。

右クリックで簡単に翻訳できますので、言葉の壁を感じる方はグーグル翻訳機能を使ってくださいね！　ブラウザはＧｏｏｇｌｅ Ｃｈｒｏｍｅ（グーグルクローム）推奨です。

プロジェクトページに飛んだら、下に少しスクロールしてみましょう。

図表８のようにプロジェクト右側に、メーカー連絡先のタブがあるので、ここに記載のメールアドレスやフェイスブックページからアプローチをかけるようにしてください。

【図表7　クラファンのプロジェクト例】

【図表8　メーカーの連絡先（右側）】

【図表9　INDIEGOGO】

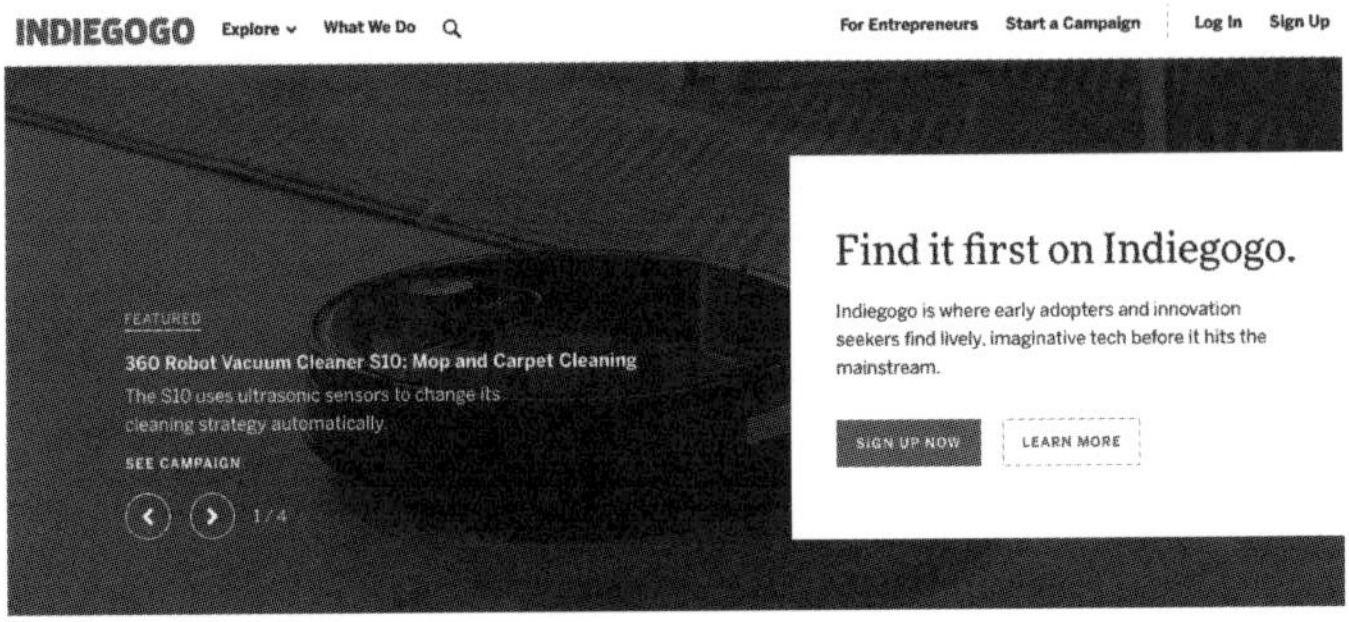

メーカーと直接やり取りできる連絡先からメール営業する

間違ってもWADIZ経由で連絡をしないでください。

クラファンサイトの問い合わせから同じようなメールを何十社と送信してしまうと、スパム扱いされてアカウント停止になる恐れがあります。

必ずメーカーと直接やり取りできる連絡先からメール営業をしていきましょう！（図表8）

クラファンサイトにメールアドレスやフェイスブックページなど、連絡先の記載がない場合は、メーカー名をネット検索し、企業サイトからコンタクトをとってみましょう！

ホームページのある企業であれば、連絡先かコンタクトフォームがサイト内にありますので、そちらから営業がかけられます。

では次に、海外クラファンサイトの見方を紹介いたします。

英語表記でどこをどうしたらいいのかわからない方は、グーグルの翻訳機能を使ってページを日本語表示にしてみてください。

図表9はＩＮＤＩＥＧＯＧＯです。このサイトも毎日多くのプロジェクトを行っていて、商品のラインナップも豊富です。

【図表10　カテゴリー別に選択する】

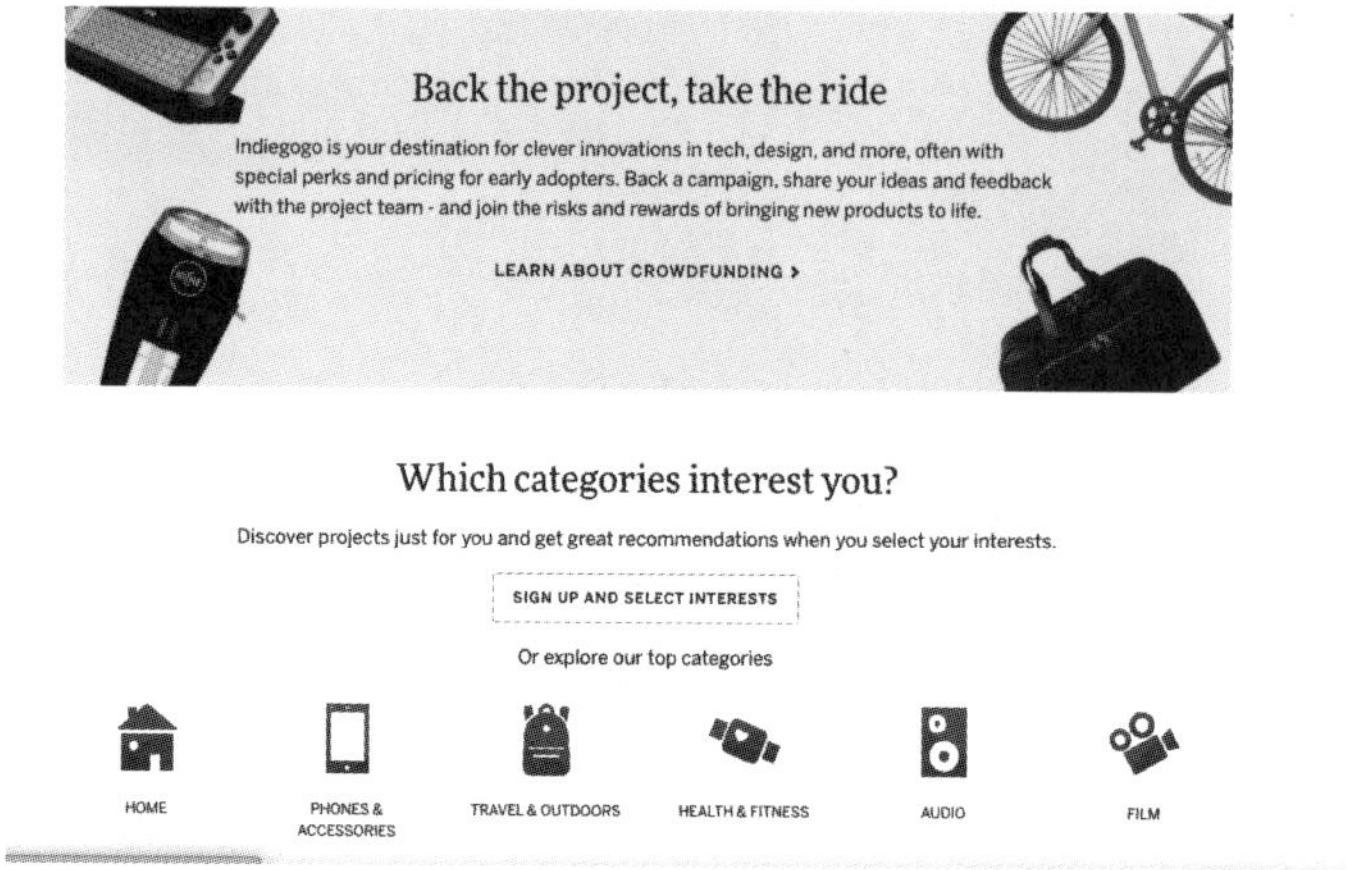
Back the project, take the ride
Indiegogo is your destination for clever innovations in tech, design, and more, often with special perks and pricing for early adopters. Back a campaign, share your ideas and feedback with the project team - and join the risks and rewards of bringing new products to life.
LEARN ABOUT CROWDFUNDING >
Which categories interest you?
Discover projects just for you and get great recommendations when you select your interests.
SIGN UP AND SELECT INTERESTS
Or explore our top categories
HOME
PHONES & ACCESSORIES
TRAVEL & OUTDOORS
HEALTH & FITNESS
AUDIO
FILM

サイトの検索窓（虫めがねのマーク）からキーワードを入力してみてください。

例えば、「カメラ」「スピーカー」「イヤホン」などのように商品名を入れてみましょう。すると、キーワードに関連する商品がズラーっと並びます。

このようにキーワード検索で商品を絞り込むことはもちろんのこと、カテゴリー別に商品を探すこともできます。

サイトのトップページから下の方にスクロールしてみてください。

ここからカテゴリーを選択し、商品を見ていくこともできます。

「PHONE&ACCESSORIES」や、「TRAVEL&OUTDOORS」、「AUDIO」あたりもいいですね！

カテゴリーページを開くと、多くの商品が陳列されています。あなたが販売したい商品のカテゴリーから、

【図表11　Travel & Outdoors】

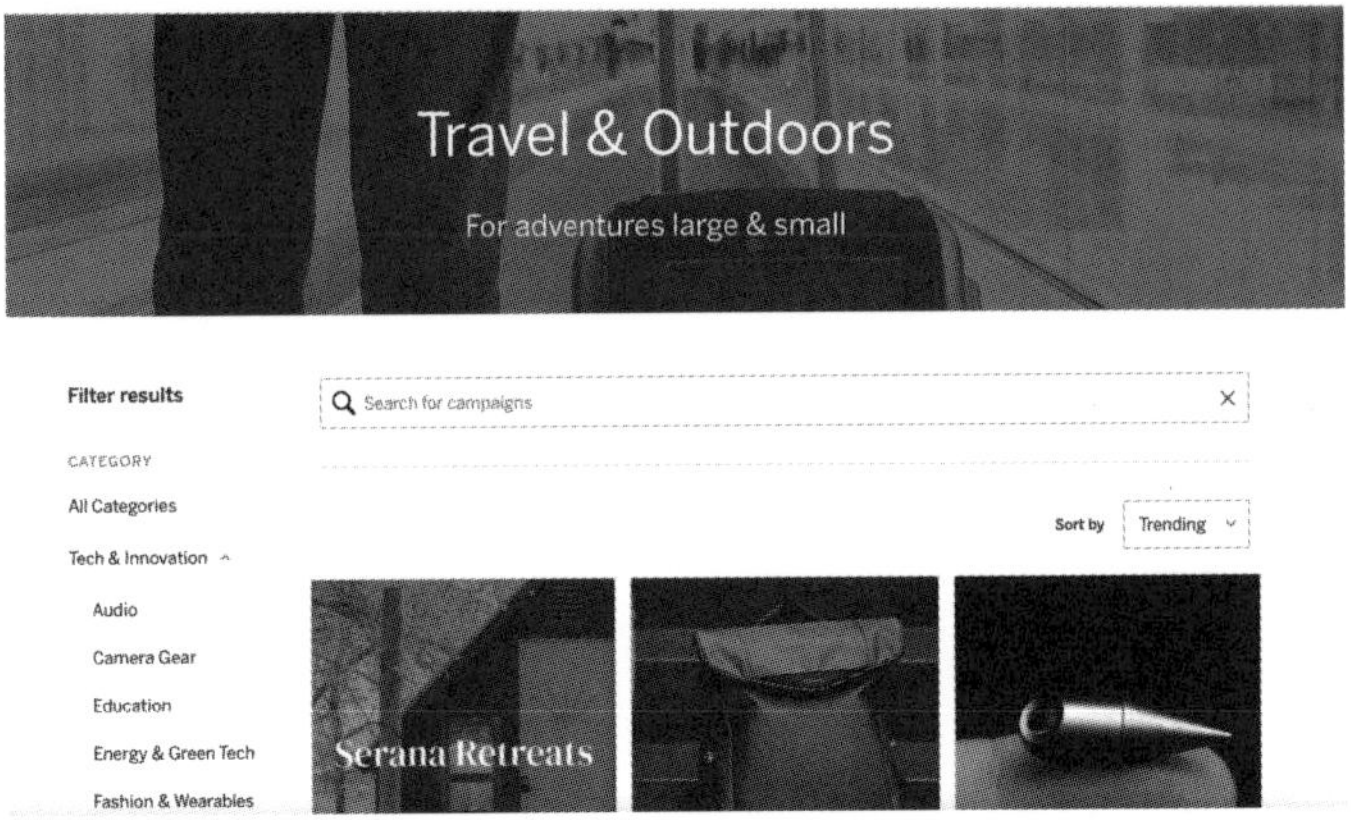

効率よく商品選定をしてくださいね。商品数はすごく多いので、明確に販売したい商品があるときは、キーワードで絞っていきましょう！

さて、海外のクラファンサイトの見方は概ね理解できたかと思います。とはいえ、メール営業って、具体的に何を伝えればよいのでしょうか？

海外メーカーへのアプローチのポイント

海外メーカーへアプローチをかける際は、次のような想いを伝えてみてください。

・簡単な自己紹介
・相手企業の商品に惚れたこと
・日本で販売したい！

海外ですから、英語、中国語、韓国語などの言葉の壁が高く感じるかもしれませんが、グーグル翻訳で十分です！　もし変な文章になっていたとしても、それが致命的なミスにはなり得ません。仮に、何を言っているのか伝わらない内容でメールが届いたとしても、訴えられることもなければお金を取られることもありませんよね？　せいぜい、返信が来ないだけです（笑）。

なので、まずはやってみること。やってみて伝わらなければブラッシュアップしていけばいいのです！

メール営業の話

次に、メール営業は数が必要です。たった1件のメールでは契約は取れません。これは、日本でいう電話営業をイメージするといいかと思います。とにかく数で勝負です！

そのためには、営業用のメールテンプレートをつくっておくと便利です。

相手のメールアドレスと、商品名を入れるだけの状態にしておけば、効率よくメールが送れます。1日10件送れば、10日で１００件送れる計算です。しかも、メールですから電話営業よりもはるかに気持ちも楽ですよね！

返信が来たメーカーさんと何度かやりとりをしていくうちに、卸値や納期などいろんな条件を決めていきます。お互いが条件に合意したら、そこで初めて独占販売契約書を結びます（独占販売契約書につきましては、本書の購入特典として雛形をプレゼントさせていただきます！）。

ここまで来たら、いよいよ日本でクラファンです！　あなたがその海外メーカー商品の日本代理店となって販売していくわけです。これがたった一度のプロジェクトで５００万円とか１０００万

【図表12　グーグル翻訳アプリ】

円とか、将来的には1億円の売上になることも十分考えられます。

どうですか？　そんな大きいビジネスチャンスなら、やりませんか？　やりますよね（笑）。「言葉の壁が……」などと言わずに、グーグル翻訳を使ってぜひやってみてください！

また、海外サイトで写真や画像に文字が入っていて、翻訳機能では読み込めないときがあります。そんなときにオススメなのが、グーグル翻訳のアプリです（図表12）。

こちらはスマートフォン専用のアプリですが、「カメラ入力」という機能がついていて、読めない言語をアプリ内のカメラに収めると、翻訳してくれる大変便利な機能です！

中国語や韓国語など、全く読めない文字を読み込む際にも非常に役立ちますので、ぜひ使ってみてくださいね。

2　失敗しない商品選びのコツ

商品選びのポイント

クラファンする商品の前提は、〝日本でまだ売っていない商品〟でしたね。

そこで取り扱う商品はどのように見つけるのか、商品選びのポイントについてお伝えします。

商品選びのポイントは、「販売したい相手が欲しがる商品か？」ということにフォーカスしましょう！　そもそも10件の営業メールで1件返信が来ればよいほうなので、細かく商品を探していると全然進みません。商品選びのコツは「難しく考えすぎないこと」に尽きます。

特に、日本のクラファン最大のプラットフォームの利用者は、ほぼ男性。前述したとおり、30代～50代の男性が圧倒的に多いんです。ですから、女子高生が欲しがるような商品はそもそも対象じゃないのです。ということは、アパレル系やジュエリー系は最初から除外するといいですね。

クラファンのサイトを見たことがある人はわかるかと思いますが、扱っている商品は結構な確率で高額のものが多いです。ということは、30代～50代のお金に余裕がある男性、と絞っていけば、自ずとどんな商品を選べばよいのかわかっていきます。また、実際にそのサイトでどんなものがどれくらい売れているのか、リサーチしてみてもいいと思います。こういったカテゴリーのこういう商品が売れ筋だなと見えてきますよ！

キーワード検索で絞る

オススメの方法の1つとして、検索窓から「アウトドア」「ガジェット」「財布」「ポータブル」など、人気のありそうな商品のキーワード検索で絞り込んでみましょう。

商品選びにはなるべく時間をかけず、効率よく営業してくださいね。慣れてくると、商品一覧を一瞬ぱっと見るだけでも「これだ！」とわかるようになります。最初は毎日クラファンサイトを見るようにしてください。1日10分くらいの作業時間でも十分ですので、商品選定をして営業できるようになっていきましょう。

3　返信率を上げるコミュニケーションアプリとは

だいたい営業メールの返信率は10％くらいです。およそ10通に1通の返信を目安にしましょう。返信率がこれを下回っているのであれば、営業メールのテンプレを見直す必要がありますね。テンプレートは何パターンか用意しておくことをオススメします。

あなたも、初めて受け取るメールが長すぎると読む気になれませんよね？

・長すぎないか
・要点がまとまっているか

この2点に着目して、テンプレ化してみてくださいね！

【図表13　海外でよく使われるコミュニケーションアプリ】

メール営業は海外で使われているアプリを利用する

さて、そんなメール営業ですが、メールより他のツールの方が返信率が上がる場合があります。

それが、コミュニケーションアプリ。多くの日本人がＬＩＮＥを使うのと同様に、海外にもその国でよく使われるアプリがあります。

例えばアメリカの場合ですと、Ｆａｃｅｂｏｏｋのメッセンジャーや、ＷｈａｔｓＡｐｐ、Ｉｎｓｔａｇｒａｍも相性がいいです。

ただ、メッセンジャーは短時間での大量送信には向いていません。私も実際に何度かあったのですが、テンプレートに宛名と商品名だけ変更して、何社かにメッセージを送ったところ、スパム扱いとなり送信エラーとなりました。

何社目でエラーになったかは忘れてしまいましたが、たしか連続では10社も送れなかったと思います。メッセンジャーを利用する際は、１日あたり5社くらいまでにしておきましょう。

中国の場合はＷｅＣｈａｔ、韓国ですとＫＡＫＡＯ ＴＡＬＫがオススメです。どれも無料で使えますので、メールの返信率が悪いと感じている方は、こういったアプリもぜひご活用ください。

「めんどくさい」と思いましたか？（笑）

では、質問を変えてみましょう！

この連絡手段を活用することでスムーズにコンタクトが取れ、契約が決まり、そこから５００万円、１０００万円の売上ができるとしたらどうでしょうか？　絶対的にやったほうがいいですよね？（笑）

連絡手段を変えることだけで契約が取れるとは言いませんが、やっておくことで確率が上がるのは間違いありません。行動した分、結果も必ずついてきます。売上を大きく上げる確率・可能性を少しでも上げていきましょう！

4　「他の企業とすでに契約しています」はチャンス?!

他社契約のメーカーが返信してくれるのは友好的

独占販売契約を結ぶ場合、メール営業でアプローチをかけていくわけですが、あなたの狙っている商品がすでにライバルに取られていることもしばしばあります。それは、「他の企業とすでに契約をしています」という返信です。

魅力的な商品にアプローチしてくるライバルは、当然あなた以外にもいますよね？　こうなるとノーチャンスだと思い、がっかりするかと思いますが、実はこれもチャンスなんです！

というのも、他社と契約をしたにもかかわらず、律儀に返信をしてくれるメーカーはかなり友好的です！　こういう企業には、「他にクラファンさせてもらえる商品はありますか？」とアプローチしてみましょう！

他にも商品がある場合、回してくれる可能性があります。また、類似商品を扱っている企業を紹介してくれることもあります。

これは私が仲良くさせていただいている韓国のマーケッターからお聞きしたのですが、韓国の美容業界やアパレル業界は横のつながりが強いらしく、私も何社もご紹介いただいたことがあります。

また、もし他にクラファンする商品がなかったとしても、「今後新商品が出たら、ぜひウチでやらせてください！」とアプローチするようにしましょう。「他と契約してるんじゃダメだわ」と諦めるのではなく、食らいついていきましょう！

これはクラファンに限らず、すべてのビジネスに当てはまりますが、こういったチャンスを拾っていくことも重要です。いつ芽が出るのかはわかりません。思わぬところでビジネスチャンスが生まれることもありますので、種まきはしておきましょう。

あなたの一挙一動が、チャンスを掴むことにも逃すことにも繋がりますので、常にアンテナを張って、ビジネスチャンスを掴んでいってくださいね！

5　契約を最速で取るためのセカンドアプローチ

営業メールはテンプレ化する

クラウドファンディングで契約を取る際、最初に送る営業メールはテンプレ化することをオススメしましたが、実はセカンドアプローチもある程度テンプレ化しておくと便利です。

「あなたの会社についてもっとよく教えてください」
「どんなプランで日本で販売していく予定ですか？」

これはメール営業で返信があった際、どこのメーカーも大抵聞いてくる質問です。ここで毎回同じことを英語で書き出すより、テンプレ化しておいたら楽ですね。

まずあなたの会社についてですが、あなたが出せる情報はすべて開示してあげましょう。

・ホームページ
・フェイスブックページ
・ブログ
・アマゾンやヤフーなどのショップ情報

このようなサイトのＵＲＬをメールに記載して、あなたの活動状況がわかるようにするといいですね。

ホームページはあるほうがよい

後ほどお伝えしますが、ホームページがない方は、あったほうが何かと有利なので、法人でなくても作成することをおすすめします。まだ作成できていないという方は、フェイスブックページくらいはビジネス用に顔出しした写真にしておきましょう！

これはフェイスブックだけでなく、チャットワークやＬＩＮＥでもそうですが、ビジネスで使う場合はきちんと顔出ししたほうがよいです。

ただでさえ、インターネットを介してだけのやり取りなので、風景の写真やペットの写真だと、本当に実在する人物なのか相手に不安を与えてしまいます。

テストマーケティングと回答

次に、「どんなプランで販売予定か」について。

こちらは「テストマーケティング」だと回答することを強くオススメします！　間違っても、「クラウドファンディングをビジネスとして稼ぎたい」なんて言わないようにしてください（笑）。

というのも、メーカーさんは長く販売してくれる代理店を探しています。あなたが「クラファンさせてくれ」と言ったら、相手からしたら「その後の販促活動はしてくれないの？」となるわけです。

不信感を抱かせないために、①クラファンでテストマーケティング、②アマゾンや楽天などＥＣサイトでの販売、③大手量販店へＢｔｏＢ取引、が目標だと言ってください。「目標」がミソです（笑）。

仮にクラファンで思ったような結果が出なかったとして、一般販売でも受け入れられなさそうな商品であれば、テストマーケティングで結果が出なかったので撤退します、で問題ありません。

そこはやはりビジネスなので、シビアにいきましょう。基本的に、テストマーケティングで売れない商品が一般販売では売れるということは考えづらいです。

とはいえ、一般販売では需要のある商品でも、クラファンのターゲット層にハマっていない商品であれば、その限りではありません。例えば女性向けのアイテムを扱うのであれば、最初から一般販売を視野に入れてマーケティング活動をしていく必要があります。

これは広告を回したり、サイトを作成してＳＥＯ対策をしたり、など技術や資金が必要になってきますので、最初のうちはクラファンで結果の出なかった商品を無理して、一般販売化させるのはリスクがあるのでやめておきましょう。

もちろん、テストマーケティングの段階でよい結果が出れば、上記で挙げたように他のＥＣサイトでの販売や、企業間取引など、販売ルートを広めていけます。こうなれば一番理想的です！

何もしなくても右から左に商品が流れていくようになるわけですから。ぜひこれを目指して、まずはセカンドアプローチもテンプレ化していきましょう！

日本から離れて学んだ「努力は実を結ぶ」ということ

さて、ここまで契約を最速で結ぶための秘訣をお話しさせていただきましたが、いかがでしたでしょうか?

普段から海外の方とやり取りしている方はなかなかいないかと思います。そもそも、英語が話せないとか、営業はしたこともないから抵抗がある、という方がほとんどだと思います。

ここでちょっと私の思い出話をさせていただきます。

私は以前、海外に留学していました。アメリカのロサンゼルスの郊外で、日本の高校を卒業してからアメリカの高校に1年間通いました。(19歳になるまでだったら、アメリカの高校に通えます)。知っている人はもちろん、日本人も誰ひとりとしていない環境でした。そのときの寂しさや違和感は半端じゃなかったです(笑)。英語は話せないし、生活スタイルや食べ物は全然違うし、慣れるまではとにかく必死でした。

ところが、2週間も経つと、徐々に変化が表れました。2週間では流暢に話すことはできませんでしたが、耳だけは英語に慣れてきたのです。最初は違和感しかなかった「音」が、ちゃんと「言葉・文章」として聴こえるようになってきたのです! 慣れってすごいですよね!

アメリカの高校で過ごした1年間は、人生で一番勉強した時期でした。数学やパソコン、歴史の授業も全て英語。勉強はそこまで得意でもなかったので、毎日泣きながら宿題していました(笑)。

学校で、「あみは英語話せない」と、自分より年下の子にバカにされたこともありました。悔しかったですが、「絶対に話せるようになる!」と奮起して頑張ることができたのはその子のおかげですね。

その甲斐あって、卒業前には表彰台に上がることもできました。今でも自慢なのは、当時の州知事、アーノルドシュワルツェネッガー氏直筆の賞状をいただいたことです！　努力は実を結ぶということを実感できた瞬間でした。

諦めなければ必ず成功できる分野

新しいことに挑戦するときは、いつだって不安や抵抗はあります。なかなか思った通りの結果が出ず、悔しい思いをすることもあるかもしれません。

でも、続けていれば努力は実を結びます。スポーツや恋愛など、相手ありきのことは、自分だけが努力してもどうにもならないこともあるかと思います。

一方で、勉強や仕事はやった分だけちゃんと自分に返ってきます。

クラウドファンディングに関しても、諦めなければ必ず結果は出ます。すぐに結果が出なかったとしても、後から必ずついてきます。ゆっくりでもよいので、一歩ずつ着実に進んでいきましょう。最初はメール営業にも違和感があるかもしれませんが、やっていくうちに必ずできるようになりますので、ぜひトライしてみてください。

余談ですが、足かけ2年留学し、寝言も英語で言っていた（らしい）私ですが、帰国してからはほとんど英語を使うことがなかったので、今はほとんど話せません（苦笑）。やはり、続けていかないとダメですね。今後もクラファンを通して輸入事業には関わっていくので、少しでも忘れた英語を取り戻すべく、精進します（笑）。

【図表 14　契約書のイメージ画像】

第5章　プロジェクト掲載の手順

1　自社サイトは持つべきか

ビジネスの「自己紹介」の場

あなたは、自社サイトや名刺をお持ちですか？　個人の方は、持っていないという方も多いかもしれませんが、自社サイトはあったほうが圧倒的によいです！

なぜ、あったほうがよいのか。あると何がよいのか、それをお伝えしたいと思います。

まず、自社サイトは海外にメール営業するときに役立ちます。自社サイトはあなたがどんなビジネスをやっているのか、どんなビジョン・ミッションで活動しているのか、想いを綴った場所です。

個人であってもクラファン自体はできますし、独占販売契約を結ぶ際も、何の問題もありません。

ただ、ちょっと考えてみてください。

あなたが仮にメーカーの立場だったとき。いきなり個人名で営業メールが来て、何をやっている人なのかわからない方と契約しますでしょうか？　なかなかハードルが高いですよね（笑）。

個人での契約では、「あなた」という人間がどんな人物か知っていただくことも重要なんです。

そしてもう1つ、自社サイトがあると日本のクラファンサイト、マクアケでの審査にも有利です。

プロジェクト申請の際に自社サイト、ツイッター、フェイスブックなどの記載箇所があるので、アカウントを用意しておきましょう（なくても大丈夫ですが、ないよりはあったほうがいいです）

自社サイトのつくり方

さて、では自社サイトはどのようにつくるべきか、ホームページの作成、運用なんて高額なんじゃないか？　と不安な方もいらっしゃるかと思います。

そんな方にオススメなのがこちら、ＨＰ作成サイト「ペライチ」です。

↓ https://peraichi.com/

テンプレートが用意してあるので、初心者にもオススメです。価格帯も安く、無料のプランも用意されています！　まだサイトを持っていない方はぜひつくってみてください。

ただ、「今はまだ自社サイトも名刺も準備ができていないから…」という理由でメール営業に取り掛からないという選択肢は潰してください。自社サイトはもちろんあったほうがいいですが、なくてもプロジェクト公開に差し障りはありません。

何事もそうですが、準備に時間をかけすぎて本当にやるべきことを後回しにしてしまう方は少なくありません。まずは行動してみて、問題が出てきたときに1つひとつ対処していきましょう！

自社サイトには、ショップ名、業務内容、問い合わせ先、ポリシーなどが必須の項目となります。業務内容や自社ポリシーについては他のサイトを参考にするとよいです。ググればテンプレートも結構あります。

他にも、経歴や業績の記載、アマゾンや楽天など他のＥＣがある場合は、それらの情報も記載するとよいですね。

名刺も、海外の展示会に行く機会があれば、行く前につくっておけばよいです。在宅でクラファンするなら、まずはメール営業。契約が決まってからでないと、次のステップにも進めません。

まずは契約を取る！　これを意識して取り組んでいきましょう！

2　覚えておくべき、必要な認可認証

輸入販売にあたって、認可・認証が必要なとき

輸入販売するにあたり、認可・認証が必要な場合があります。これを知らずに海外メーカーで契約してしまうと、いざ輸入となったときに税関で止まってしまうなど、後々トラブルになり兼ねませんので、ぜひしっかりとお読みください。

・医療機器

あなたが医療従事者でない場合、「医療機器」のカテゴリーにあたるものは販売できません。
認可の取得もとても難しく、そもそも医療従事者でないと認可取得ができません。医療機器にあたる商品は最初から除外しておくことが無難です。

・技適

例えばＢｌｕｅｔｏｏｔｈなど、電波を発する商品は電波法に該当するため、「電波法による技適マーク」の申請が必要になります。

認可取得にかかる費用はだいたい30万円くらいです。これに該当する商品の場合、メーカー側が費用を負担してくれるのか、折半なのか、もしくは自分がすべて支払う必要があるのか、協議が必要です。

メーカー側が負担してくれるなら全く問題はありませんが、ご自分で負担する場合、「これは絶対に売れる！」と確証がないのでしたら、認可取得の優先度は低いと思います。

・ＰＳＥ

ＡＣアダプターなど、コンセントに挿して使用するものはＰＳＥマークの取得が必要となってきます。もしＰＳＥ認証を受けていない商品であれば、「ＰＳＥ認証を受けている他のアダプターと代替できますか？」と聞いてみるのも１つの手です。ちなみに、ＵＳＢは対象外なので認可認証は必要ありません。

技適やＰＳＥの認証が必要な商品の場合、まずはメーカー負担でお願いできないか交渉してみましょう。もしダメだった場合、認証に必要な費用を卸値に上乗せしてもらい、先出し資金をナシにしてもらえないか交渉してみましょう。

それでもダメだった場合は撤退して、認可・認証が必要ない商品を検討したほうがよいですね。聞くだけならタダなので、疑問点や問題点は早めにクリアにしておくことをオススメします！

・食品衛生法

食品のみならず、口に直接触れるもの、例えばコップやスプーンなども認可の対象となります。また、注意が必要なのは「幼児向けのおもちゃ」です。赤ちゃんが口に入れてしまうこともあるため、幼児向けのおもちゃも食品衛生法の取得が必要となります。

他にも自転車や、路上で使用するものは「道路交通法に関する資料」の提出が必須となってきますし、意外なものが認可取得の必要があるため、知らずに契約を結んでしまうと後々大きく響きます。知らなかった人は、ぜひ今後の商品選定の基準の1つにしてくださいね！

そして、「この商品って何か認可取得の必要があるのかな？」とわからない場合は、JETROやMIPROといった機関で調べてもらうことができますので参考になさってください。メールの返信も割と速いのでおすすめです！

①日本貿易振興機構（JETRO）
https://www.jetro.go.jp/
②一般財団法人対日貿易投資交流促進協会（MIPRO）：
https://www.mipro.or.jp/

3　売れる商品ページのつくり方

契約が決まった後にやること

契約が決まったらクラウドファンディングのプラットフォーム（MAKUAKEやCAMPFIRE、GREEN FUNDINGなど）にプロジェクト申請をします。どのプラットフォームにもトップページに「プロジェクトを掲載（申請）する」というリンクがありますので、そちらから申込をしてください。

そこから審査が入り、プロジェクトページ作成に進んでいきます。このプロジェクトページを見て、応援購入するかどうかが決まるので、ページ作成はかなり重要です。

キュレーター

ここから、「キュレーター」と呼ばれるあなた専属の担当者がついてくれます。キュレーターはあなたの心強いパートナーとなってくれますので、わからないところは何でも聞いてみてください。読まれるページづくりや売れるキャッチコピーのアドバイスもいただけます。

ただし、キュレーターはあくまでもあなたの補佐なので、基本的にはご自分でつくり込んでいく必要があります。また、キュレーターは私たち以外にも多くの法人や個人の担当をしているため、すごく多忙です。お客マインドは捨て、ここのプラットフォームに載せていただくんだ、という感謝の気持ちを忘れないようにしてくださいね。

キュレーターと二人三脚で、動画、写真、コピーライティングの要素を上手に駆使し、商品の魅力がしっかりと伝わるようなプロジェクトページをつくり上げていきましょう！

とはいえ、「コピーライターじゃないんだしそんなの無理！」という方も多いかと思います。もし、あなたがOEMして商品をつくる場合、動画や画像、文章等もすべて自分で用意しなければなりませんので、難易度は決して低くはありません。

しかし本書では、「初心者でも」できるクラファンについてお伝えしているため、ここでは海外メーカーと独占販売契約を結んでいる場合（代理店クラファン）を想定してお話しします。

動画も画像もページも海外メーカーが用意

あなたは、すでに海外で売れた商品の総代理店になるわけですから、プロジェクトページは1からつくるわけではありません。動画も画像もページまでも、すでに海外メーカーが用意してくれています。

クオリティーの高いものが多いので、それらの素材をすべて提供してもらい、そのまま使うだけでＯＫです！

動画に海外の言語でナレーションが入っている場合、日本語字幕を入れれば問題ありません。その作業も、クラウドワークスやランサーズで低額で依頼できます。

もし海外メーカーが動画を用意していない場合、プロジェクトに動画は必須ではないので、なくても問題はありませんが、間違いなくあったほうがいいです！

資金に余裕のある方は外注してでも用意したほうがよいでしょう（もちろんご自分で撮影してもＯＫです！）。

また、海外のプロジェクトページをグーグル翻訳にかけるだけですと不十分です。

グーグル翻訳を使ったことがある方はわかると思いますが、結構微妙ですよね（笑）。

日本語にするだけではなく、それが意味の通じる文章なのか、イメージしやすい画像と文章でまとめられているのか、精査する必要があります。

海外ページをただなぞるだけではなく、日本のサイトを確認し、同じジャンルですでに売れている商品ページの構成や、写真の見せ方を真似るとよいです。

動画についても同様です。クラウドワークスやランサーズなどから外注する場合、約２分の動画の相場は５万円～10万円程度です。

もちろん人によりけりなので、クオリティーが高い人はもっと高額になりますが、ひと昔前と比べればかなり安価でお願いできるようになりました。

お金をかけず、ノーリスクでやりたい人はご自分で動画制作をしてもよいでしょう。一眼レフがなくても大丈夫！　最近のスマートフォンは映像も高画質ですので、スマートフォンで撮影し、パソコンに入っている無料の動画編集ツールでも編集できます。

動画作成の肝となる構成は、「その商品を手に入れることで、自分に訪れる変化、つまりは未来を見せてあげること」を意識してください。商品の使い方や機能の説明ばかりの動画では売れません。

「この商品を手に入れるとこんな風になるよ」という未来がイメージできれば、それは魅力的な動画と言えます！

4　売れやすいリターン設計

購入型クラファン

購入型クラウドファンディングとは、商品を見て支援（購入）してもらい、それに見合ったリターン（商品・サービス）を提供することです。

予約販売に近いイメージなので、「こんな商品を開発します！　特別価格で提供するので予約しませんか？」という感じです。

リターンはそれぞれ、価格、数量、お届け時期の設定が必要となります。

１つずつ見ていきましょう。

リターンの設定

リターンの価格設定ですが、これは多少高くても問題ありません。というのも、クラウドファンディングサイトの購入層は「安いから買う」ではないからです。

普段から目新しいものにアンテナを張っている、トレンドや新商品に敏感な層が多いため、安さを訴求してしまうと、逆に支援が集まらないこともあります。

「安いから買う」のではなく、「欲しいから買う」というわけですね。

プラットフォームに支払う手数料や原価、諸経費等を差し引いても利益が30％以上残るような価格設定にしておくとよいかと思います。価格設定に関しては次章で詳しくお伝えしますね！

またリターンの設定は金額だけでなく、種類と数量も重要です。

というのも、リターンの数量が多すぎると支援が伸び悩みますし、少なすぎても売り切れて機会損失になる可能性があります。

もっと支援数が伸びそうだったのに売り切れてしまった、ということのないように、あらかじめどのくらいの支援がありそうか、一緒に考えていきましょう！

リターンの種類の設定

まずは、リターンの種類を多めに設定していきましょう。ＭＡＫＵＡＫＥでは最大10種類、ＣＡＭＰＦＩＲＥでは20種類のリターン設計ができます。

仮にあなたの商品が１つであっても、複数の種類を設定することが、売れやすいリターン設計の秘訣です。

具体的なリターンの設定例は、次のとおりです。

リターン①商品１個　定価の35％オフ（先着10個）
リターン②商品１個　定価の30％オフ（先着20個）
リターン③商品１個　定価の27％オフ（先着30個）
リターン④商品１個　定価の24％オフ（先着40個）
リターン⑤商品１個　定価の20％オフ（先着50個）
リターン⑥商品１個　定価の15％オフ（先着70個）
リターン⑦商品１個　定価の10％オフ（無制限）
リターン⑧商品２個セット　定価の30％オフ（無制限）
リターン⑨商品３個セット　定価の35％オフ（先着30セット）
リターン⑩商品５個セット　定価の40％オフ（先着50セット）

あくまでも例ですが、このように割引率を小刻みに設定し、数量も限定して設定していきます。

先着○個としているのは、締め切りを設けることで購入を促すからです。「残りわずかだから買っておかないと！」という購買心理を狙っています。

早期支援者には数量限定割引や特典をつけることで、今すぐ支援してもらうことを促しましょう！

割引名も、【特割】【超早割】【早割】【ペア割】【3個セット割】【5個セット割】【クラウドファンディング割】など、自由につけられます。

注意点

注意点としては、価格設定を定価の40％オフ以上にすると、「価格を操作しているのでは？」とエビデンス（裏づけとなる資料）を求められることがあります。何もなければ割引率は35％くらいまでにしておいたほうがよいです。

また、プロジェクト公開初日が、一番支援の集まりやすい日です。そこからだんだんと、中だるみ時期に突入します。支援も入りづらくなっていくため、売れやすい最初の時期にしっかり売り切れるよう、割引率の高いリターンを設定しましょう！　売れているページは目立つので、「どんなプロジェクトだろう？」と興味を持ってもらえます。

送料についても、地域別で送料設定は行えないため、送料を加味した上でリターン価格を設定しましょう！

お届け時期

お届け時期については、長めにとっても問題ありません。

クラウドファンディングの支援資金を元にメーカーから仕入れる場合は、納期に余裕を持ってリターンお届け時期を設定する必要があります。

例えば3月15日から5月15日までプロジェクトを行い、7月初旬に入金されてから発注する場合、納期が30日かかればリターン配送は8月初旬となります。こういう場合は、プロジェクトスケジュールをこのように記載しておきましょう。

プロジェクト期間：２０２１年3月15日~5月15日

製造期間：２０２１年5月16日~7月31日

リターンお届け時期：２０２１年8月初旬から随時発送開始

とはいえ、輸入なので製造遅延や配送遅延が起こることも考えられます。リスク回避のために、前記スケジュールでお届け時期を9月にしておいても大丈夫です。実際の配送時期は、早まる分には問題ないので、お届け時期は長めにとっておきましょう！

また万が一、予定していたスケジュールより遅れそうな場合は、支援者に早めに連絡しておきましょう。

直接メッセージを送ることも可能ですし、他にも、プロジェクトページに来た方全員が見られる「活動レポート」というニュースのような機能がついていますので、プロジェクトの進捗や配送スケジュールなどは活動レポートを通して随時お知らせしましょう！

5　売上を3倍に伸ばす○○テクニック

動画の重要性

ここでは、売上をさらに伸ばす「動画」の重要性についてお話しさせていただきます。これはクラファンビジネスだけでなく、集客全般で使えるテクニックのため、ぜひしっかり読んでくださいね！

まず、大前提で覚えておいてほしいのは、文章は基本、「読まれない」ということ。「何時間もかけてせっかく書いたのに読まれないの⁉」とがっかりする方も多いかと思いますが、きっとあなたもネットで買い物するときに、上から下まですべて読み尽くすことはありませんよね？　そう、サラーっと目を通して終わりなんです（苦笑）。

その一瞬で、いかに目を留めてもらうか。だからこそ、写真や動画が重要なポジションとなってくるのです。そもそもページを見てもらえなければ始まりませんから、まずはインパクトのある写真や動画で目を留めてもらうことを優先に考えていきましょう。

この商品を手に入れることで自分に訪れる変化がイメージしやすいといいですね。商品の機能説明なんて後でいいのです。

写真と動画の使い方

では具体的に、写真と動画、どのように使っていけばいいか。

まず、写真は必須です。文章だけのページでは商品はほぼ買ってもらえませんので、写真は必ず用意してください。

商品やパッケージ画像はもちろんですが、実際にそれを使っている写真があるとなおよいです。イメージしやすいですからね。

そして動画。これももちろんあったほうがよいですが、必須ではありません。動画は、制作に時間や労力、外注するならお金もかかるため、納期や資金の問題でできない場合は仕方ないかと思います。ただ、余裕があるのでしたら、やったほうがよいです。

そして、もう1つオススメなのが「GIF画像」です。きっとあなたも一度は見たことがあると思います。

GIF画像とは、再生ボタンを押さなくても勝手に動く、パラパラマンガに近いアニメーションです。文章では説明しづらいものはGIF画像を使うことをオススメします!

今は「GIF画像メーカー」など、自分でも簡単につくれるアプリも多く出ています。写真さえあれば簡単に作成できますので、ぜひ試してみてください。

こういった素材がプロジェクトページに散らばっていると、商品の機能はもちろん、自分が使うイメージも湧きやすいです! 写真や動画、そしてGIF画像で工夫するだけで、売上は何倍にも伸ばすことができます！　ぜひ積極的に活用してみてください。

ただし、１つのプロジェクトページに何枚もＧＩＦ画像があると、ページ自体がかなり重くなってしまいます。多くても10枚程度にしておくことをオススメします。

トップ画像

また、トップ画像は非常に重要です。プロジェクトを見てもらえるかに直結する重要な要素です。クリックされる画像には秘密があります。

①商品画像は大きくすること

特徴が一目瞭然でわかる写真がよいです。特徴的な写真がない場合はイメージ画像を使いましょう。例えば、オフィスで使うような商品の場合、会議しているイメージ画像を背景に持ってくるという感じです。

あくまでイメージ画像は商品を引き立てる役割なので、イメージ画像は透明度を上げ、商品画像より目立たないようにしましょう。

②魅力的なキャッチコピー

画像に入れる文言は、訴求文を入れるとよいです。ただし、文字数が多いとクリックしてもらえないので、情報は詰め込まないでください。

伝えたいことはたくさんあると思いますが、ここはグッと我慢して一番の訴求ポイントをシンプルに伝えるだけでＯＫです。

③文字は太く大きく！

緑のある文字やコントラストの入った文字ですと、素人っぽい感じが出てしまいます。

画像に文字を入れる際は、白か黒の単色で、目立つように大きく太めのフォントを使いましょう！

タイトル

そしてトップ画像と同じように重要なのが、タイトルです。

タイトルの一番の目的は、目に留めてもらい、クリックしてもらうことですよね？

ということは、ベネフィット訴求でももちろんいいのですが、「え？　どういうこと？」と思わせるタイトルもオススメです。

人は「なにそれ？」と思うものは無視できません。ちょっと変わったタイトルで読み手の好奇心を刺激してあげるのも、クリックしてもらう1つの戦略です。

6　一般販売前にもう一度！　おかわりクラファンについて

一般発売前におかわりクラファンをする

日本のクラファンサイトはたくさんありますが、各サイトごとに特徴は違います。手数料も違い

【図表15　クラファンのプラットフォーム】

ますし、必要書類やプロジェクト公開までのスケジュール感も違います。

ぜひここで各プラットフォームの特徴を抑え、一般販売前に二度、三度と「おかわりクラファン」をして、収益の最大化を図りましょう！

まず、初めてのクラウドファンディングであれば、マクアケもしくはグリーンファンディングのどちらかを選択しましょう。

この2つのプラットフォームは日本で初めての商品のみプロジェクトを行えるプラットフォームです。ただし、グリーンファンディングは法人でないとプロジェクト掲載ができないため、個人の方はマクアケを選択しましょう。

プロジェクトが終了し、リターン配送まで完了したら、別のプラットフォームでおかわりが可能です！

CAMPFIREやmachi-ya（マチヤ）、READYFOR（レディフォー）なら、それぞれのプラットフォームで1回ずつプロジェクトが可能です。

他にも、CAMPFIREに出したら同時にmachi—ya

【図表16　クラファンのプラットフォームの特徴】

	MAKUAKE	GREEN FUNDING	CAMPFIRE	machi-ya	READYFOR
出品優先順位	1番	1番	2番目出品可	2番目出品可	2番目出品可
プラットフォーム手数料	20%	20%	17%	25%	12%
入金サイクル	月1回 月末締め 翌々月3営業日目	月2回 月末締め翌月末 15日締め翌月15日	月1回 月末締め 翌月末	月1回 月末締め 翌月末	月1回 月末締め 翌月末
必要書類	独占販売契約書 法人：全部事項履歴証明書 （取得後半年以内） 個人：住民票、印鑑証明書 （取得後3ヶ月以内）	独占販売契約書	独占販売契約書	独占販売契約書	特になし
ページ公開までの期間	約4週間	約1週間	最短即日～1週間	最短即日～1週間	約2週間

にも出せるなど、提携しているプラットフォーム同士での相互出品も可能です。

プラットフォームごとにそれぞれ特徴が違うので、プロジェクト申請する前に確認しておいてくださいね！

展示会出展や一般販売前に、しっかりと収益を上げて資金をつくっておきたい方にもオススメです！

6　補助金ゲット!?　国が推進するクラウドファンディング

クラファンの魅力は無在庫で資金が集められること

なぜ私が、資金のない人ほどクラファンビジネスをやるべきだと言っているのか。

ここでは、クラウドファンディングの超強力な魅力についてお話ししたいと思います。

クラウドファンディングの大きな魅力の1つは、「無在庫で資金が集められる」ということ。

・在庫リスクがない
・資金０でもできる
・アカウントリスクが低い

アマゾン物販などで有在庫でやられている方は特にご理解いただけると思いますが、これらのメリットはめちゃくちゃ強くないですか？（笑）　こんなビジネスモデルは、私が知る限りクラファン以外にはないんじゃないかなと思います。

クレジットカードがない人、つくれない人、そして資金が全くない人でも始められるビジネスのため、副業として始めるのはもちろん、資金問題で仕入ができない物販プレイヤーにもかなりオススメです。

また、クラファンはあくまでも「テストマーケティング」なんですね。つまり、クラファンでテストして、売れればそこからＢｔｏＢ（企業間取引）に持ち込むこともできます！

万が一プロジェクトがコケてしまっても、発注は売れた分だけなので、あなたには何のリスクもないですよね！

助成金・補助金

さらにすごく重要だと思うのですが、クラファンをすることで国から助成金や補助金が受けられることもあるのです。

クラウドファンディングビジネスは本当に国が応援してくれるのです。新しい試みに挑戦する人を、国が補助金や助成金という形で後押ししてくれる。これ、本当にありがたいです。

単純に「お金がもらえるから嬉しい」だけではなく、自分の中の責任感や使命感もグッと上がります。国が応援してくれているんだから、「もっと貢献したい！」という感情が芽生えてきます。プロジェクトによって、クラファンのプラットフォームからも申請ができますので、契約を取った際にはぜひチェックしてみてください。

また、私が今年利用する予定なのは、展示会出展の補助金です。クラファンした商品を展示会へ出展し販路拡大を狙っていくのですが、出展ブースって結構高いからです。

小さいブースでも30万円とか、大きめのブースを借りれば70万円とかします。そのほかに商品のパンフレットや名刺、チラシなどのフライヤーを準備するにも費用はかかりますよね。

1つのブースをグループで借りることもできるので、出展費用を抑える方法はありますが、お一人でやるのであれば全部で１００万円くらいは見ておいたほうがよいかもしれません。

なかなかハードルが高いですが、東京都では展示会出展の費用を3分の2負担してくれる制度があります。これは住んでいる自治体や会社住所の自治体で内容が異なりますので、該当する自治体のサイトから補助金や助成金の申請を行なってくださいね。

融資

そして、融資。

実際に私も資金繰りに苦しんでいる時期がありました。カードもつくれない状況だったので、融資はかなり厳しいだろうと周りからも言われていましたが、クラファンで契約を取り、「広告をかけたいから融資をお願いしたい」と相談に行きました。

そして３００万円の融資を無事受けることができました。これは自分でもなかなかすごいことだと思います。

「融資＝借金」だから、マイナスイメージをお持ちの方もいらっしゃるかもしれません。確かに、国や金融機関からお金を借りるため、返済していく義務はあります。しかし、私は受けられるならば融資は絶対に受けるべきだと思っています。なぜなら、ビジネスの枠が広がるからです。

例えば物販でも、利益が出るのはわかっているのに、資金が足りないために仕入れられないという悔しい思いをした方も少なくありません。自己資金内でコツコツやっていくことも間違いではありませんが、融資を受けて５００万円の資金からスタートする人と、自己資金30万円からスタートする人では、結果が出るスピードも全然違います。

融資を受けなくてもビジネスは回るかもしれませんが、融資を受けることで可能性の枠が広がります。あなたのビジネスを飛躍させるための１つの選択肢として、融資を検討することをオススメいたします！

【図表 17　ページ作成のイメージ画像】

第6章　リスクについて

1　クラウドファンディング最大のリスク

状況次第でクラファンはノーリスク

「いいことばかり言っているけれど、リスクはないの？」と思う方もいらっしゃるかと思います。もちろんリスク0とは言いませんが、契約やあなたの状況次第ではクラファンはノーリスクだと言えます。

例えば、「海外メーカーと独占販売契約が結べても、売れなかったらどうしよう」という不安を抱えている方は少なくありません。

一方で、メーカーとの交渉の際、MOQ（最小注文数）を0にできれば、仮に日本で全く支援が集まらなくても発注する義務はありません。支援の数だけ発注すればOKなんです（とはいえ支援数が0のプロジェクトはそうありませんが……）。

また、よほど重大な違反をしない限りは、アマゾンなど他のECのようにアカウントリスクもありません。

クラファンのリスク

ではクラファンのリスクは何か？

あえて言うなら、「キャッシュフローが長い」ということ。これが唯一の弱点じゃないかと思います。

日本のクラファンサイトはいくつもあり、プラットフォームによって入金サイクルも異なります。ほとんどのプラットフォームでは月末締めの翌月末払いとなりますが、最近よくテレビでも取り上げられているＭＡＫＵＡＫＥ（マクアケ）というプラットフォームでは、プロジェクト終了の月末で締め、翌々月の第３営業日に入金となります。

つまり、例えば５月20日にあなたのプロジェクトが終了する場合、入金は７月３日です。第３営業日なので、土日祝日を挟めば後ろ倒しになりますが、だいたい３日〜６日あたりとなります（プラットフォームごとの比較につきましては、図表16参照・92ページ）。

プロジェクトの準備期間中も収入にはなりませんから、「契約を取ってプロジェクトページを作成し、リリースしてからプロジェクトが終了する翌々月まで」が無収入ということです。

ここだけが唯一のネックと言えます。とは言え、メーカーへの支払いは入金後でいいので、先に費用を負担することもありません。

ということで、クラウドファンディングビジネスは「やらないことが最大のリスク」であると私は思っています！

・ＭＯＱを０にすること
・メーカーへの支払いのタイミングを「入金後」にすること

海外メーカーと交渉の際には、これら2つを指標としてください。

2 作業時間をつくるには

時間のつくり方

今すでに本業をお持ちの方で、副業になかなか時間が取れない悩みをお持ちの方もいらっしゃるかと思います。

これからクラファンを始めても、「時間がなくてメール営業がなかなかできません…」「メールを送っても返信が来ません」という問題にぶつかることも、きっとこの先あるかと思います。

厳しいことを言えば、時間はつくるものであり、収入を得るまでの仕組みを作るまでは労力と時間をかけなければなりませんが、本書では〝今のライフスタイルを変えることなくできる副業〟としてクラウドファンディングを推奨しています。

「時間がなくて営業ができない」は、考えのフレームをずらしてあげれば解決できるのです。

クラファンは、難しく考えてはいけません。営業メールを送るにはゆっくり時間をとって、2時間とか3時間かけてやるものだと思ってはいませんか？　そんなに難しく考えなくても大丈夫です。

メール営業は能力仕事ではなく、「作業」なので、お昼休みの15分間とか寝る前の30分間、など時間を決めて毎日のタスクに入れてください。

生活のルーティーンの中に組み込む

一番手っ取り早いのは、生活のルーティーンの中に〝クラファン作業の時間〟を30分でも10分でもいいので組み込むことです。慣れている普段の生活の中に慣れない作業を入れるわけですから、最初は当然違和感を覚えることでしょう。しかし、意識して毎日ほんの少しでも作業をしていけば、2週間もすればその作業時間は習慣化します。

寝る前の30分間に作業してもいいし、毎朝30分早起きして出勤前の時間を作業時間に当ててもいいですね。ぜひ毎日少しでも「クラファンタイム」をつくってみてください。

慣れてしまえば習慣になりますので、「作業する時間がない」という懸念は解消されるはずです。もちろん、契約の際の返信やページ作成の納期など、対相手とのやり取りではスピード感が重要なときもあります。

そんなときは、その日1日のやるべきタスクを前倒しして時間を捻出しましょう。テレビや動画を見る時間を削るのはもちろんですが、帰りの電車でネットニュースを見る時間を削ったり、いつもより少し早起きしてみたりなど、上手にやりくりして時間を捻出してみてくださいね。

テストと改善の繰り返しで返信率アップ

そして、「メールの返信が来ない」という問題ですが、これは営業の数にもよります。前章でお伝えした、メールの返信率は覚えていますか？

そう、10％です。だいたい10件に対して、1通返信が来る程度です。

1日1通しか送らなければ、その分返信が来るのは遅くなります（あくまで確率のお話なので、もっと返信が来る場合もあります）。

返信率が10％を下回る場合は、メール営業用のテンプレートを改良していく必要があります。テスト、改善を繰り返すことが返信率アップのカギになりますので、ぜひ捉え方を変え、毎日の習慣として取り組むようにしてみてください！

3　売れる商品と売れない商品の決定的な違い

なぜ売上に差が出るのか

クラファンするにあたり、やはり商品力はすごく大事です。ニーズのある商品でなければ爆発的に売ることはできません。

一方で、類似商品でも〝見せ方〟によっては、売上を大きく伸ばすことができます。

例えば、財布。財布なんてどこにでも売っているし、むしろ国内品のほうが素材にこだわっていると思いませんか？　それでも、何百万と売上を上げている海外発の財布はたくさんあります。

一方で、売れていない財布ももちろんあります。売れている商品と同じような商品でも、です。

何が違うと思いますか？　素材、大きさ、金額、どれをとっても同じような商品なのに、なぜ売上に差がつくのでしょうか？

見せ方が決め手

実はこれ、「見せ方」なんです。

大切なのは、何に訴求しているのか。その商品を実際に使っている〝未来の自分〟を想像できるか。

これはコピーライティングの世界では「ベネフィット」と呼ばれ、すごく重要です。

私のライターの師匠は「これだと思うベネフィットが出たら、さらに3度『だからどうなの？（どうなる？）』と聞いてごらん。最終的に出てきた答えが、本当のベネフィットなんだよ」と言います。

売れない商品は、商品の素材や機能性ばかりを主張していて、この商品を手にすることで自分がどうなるか、という未来までは見せられていません。

もちろん機能性も大事ですが、それよりも、それを手にしたことで変わるお客様のビフォーアフターが明確にイメージできるかどうかです。ぜひこれを意識してみてください。

これはクラファンだけでなく、何か商品を販売するときにも有効な手段です。写真や動画、そしてお客様の声など、商品を購入することでどんな未来を手にできるのか、お客様にイメージさせてあげることを意識してくださいね！

おすすめの方法は、自分が「これ欲しい！」と衝動買いしたページを参考にすることです。

商品の機能ばかり綴ったページでは生き残れない

クラウドファンディングとは、そもそも商品の販売ではなく、仲間を集める場です。あなたの商品を通して、夢や目標を一緒に実現してくれる仲間集めを目的としています。

もちろん、商品を支援（購入）していただくことが目標達成の第一歩ですが、売り込みページをつくる必要はありません。

それよりも、あなたがこの商品に携わったきっかけや、商品に対する熱意や想いを伝えましょう。支援者に対するラブレターみたいな感じです！

実は、この「想いの部分」が強いほど、支援も伸びていきます。いかに、このプロジェクトページで人の心を動かせるかが重要です。

商品の機能ばかりを綴った、企業ページやカタログページのような文章では売れません。

例えばプロポーズするときに、「結婚したら働かなくていいよ」「三男坊だから同居はないよ」「俺、年収1億円あるよ」なんて言葉に感動して結婚を決めますでしょうか？　決めませんよね。これでは機能しか伝えていないのと一緒で、心が動きません。

「結婚したら苦労することもあるかもしれないけれど、一生大切にするよ。だから結婚してください」と本気の想いを伝えるほうが、受け取るほうの反応も違いますよね。結局、人の心を動かすのはいつだって「人」なんです。

クラファンのページ作成も熱烈ラブレターを書くつもりで想いを伝えましょう！

コツはうまくいっているページのよさを取り入れること

また、これはクラファンに限った話ではありませんが、うまくいっているページを研究し、真似ることが支援を伸ばす最大のコツです。

なぜこの商品は支援が伸びているのか？　動画がいいのか？　本文がいいのか？　どんな構成なのか？

コピペはもちろんＮＧですが、支援が多く入っているページを研究し、その要素を自分のプロジェクトにも取り入れて検証を繰り返していきましょう。

何事もテストの繰り返しです。いきなり１００％のものを目指すより、テスト・改善を繰り返していくうちに、よいページがつくれるようになっていきます。検証を繰り返していきましょう！

４　契約が取れないときにやるべきこと

誰もが通る道

『契約が取れない』

これは私も最初の頃よく思っていたことです。

「ＭＯＱ（最少注文数）が１０００個と言われた」

「実績がないから独占販売契約は結べないと言われてしまった」

このような厳しい話も実際よく聞きます。

大丈夫です。それは誰もが通る道です（笑）。

ＭＯＱが１０００個、２０００個と言われるのは、実績の有無に関係なく、よくあることです。メーカーとしては一度に生産したほうが価格も安く抑えられるため、ＭＯＱがあったほうが都合がいいのです。一方、私たちからすると、在庫リスク回避のためにＭＯＱは限りなく０に近い数字で抑えたい、お互いの立場の違いによる差があります。

リスクを抑えたいならば、単価を上げてＭＯＱを０にする

私だったらどうするか、それは、「単価が多少高くなってもいいのでＭＯＱ０にしてください」と言います！　単価が高くても最少発注数が０なら、仮に売れなくてもリスクはないからです。リスクを限りなく０に抑えたいのであれば、単価を上げてでもＭＯＱ０で交渉することをおすすめします。それでダメなら次に行きましょう！

もちろん、「これは絶対当たる！」という自信と売れる根拠があり、資金的にも余裕があるのであれば、ＭＯＱがあっても取引してＯＫです（アマゾンで類似品が月に何個売れている、過去マクアケで類似品が何百万売れた、など根拠は数字で出しましょう。ただなんとなく売れそうだから、という理由は絶対ダメです）。

しかし、「できるだけ在庫リスクは減らしたい」、「資金繰りが厳しい」という方は、次の契約に

向かったほうが得策です。

また、卸値はいくらでもいいわけではありません。逆に価格交渉をすることも多々あります。例えば、大容量のUSBメモリ。カッコイイデザインの海外品を見つけ、独占販売契約も結べそうだとしても、卸値が2万円だったらどうでしょうか？　やらないですよね。ある程度定価がわかるような商品は、必ず類似品がありますので価格交渉をしてみてください。

「御社のUSB、とてもスタイリッシュで気に入りました。ただ、日本では価格競争が激しいため、$○○でご検討ください」という交渉文と、価格が記載してある類似品の写真をアマゾンなどから見つけてメールに添付してみてください。交渉するだけならタダなので、積極的に聞いていきましょう！

実績がないから契約不可は気にせず次にいく

そして、2つ目の「実績がないから契約不可」については、気にせず次に行きましょう（笑）！

最初は誰でも初めてです。最初は誰もが実績なんてありません。当然ですよね？

あなたがアマゾン販売などですでに活動されているなら、アマゾンの販売ページを実績として出すのも有効です。というより、見せられるものはなんでも見せちゃいましょう！

余談ですが、私はもともとコピーライターとして活動していました。クラファンや物販の実績が全くなかった頃は、私が携わった企業サイトやホテルのホームページなどを提示したことがあります。出さないより出したほうがいいですよね。

あなたも、「実績と言えるのかわからない…」「クラファンとは関係のない制作物しかない」というものでも、出せるものは何でも実績として出してみましょう。

ですが、クラファンの実績でないとダメと言われるのであれば、さっさと次の交渉をして、実績がなくてもOKなメーカーと契約しましょう！

こういうことは本当によくあることなので、落ち込むだけ時間がもったいないんです（笑）。とにかく数をこなす。最初はそれにフォーカスして取り組んでみてください。

5　営業履歴を把握してください

海外メーカーへ営業をかけるとき、一番手っ取り早い方法はメールでの営業です。

1日10件、毎日メールを送ったとすると、10日で100通、1か月で300通となります。かなり膨大な数になるので、すべて把握しておくのは難しいですよね。

特にメーカーから返信が来たときに、どの商品についての返信なのかがわからなくなってしまうと先に進めません。「せっかく返信が来たけれど、どの商品かわからない」とならないために、営業をかけた先の情報は必ずエクセルやスプレッドシートなどにまとめておくことをおすすめします。

私もメール営業を始めたばかりの頃、韓国の方に送ったメールの返信で、件名に相手の商品をハングル文字で入れていたので、なんの商品かわからなくなってしまったことがありました（笑）。始めたばかりとは言え、当時は毎日20通くらい送っていましたから、何百とある送信メール履歴から探し出すのは時間もかかるしとても大変でした。

そうならないためにも、営業履歴が一目瞭然の「アプローチリスト」を用意してください。ご自分がわかれば問題ありませんが、私の場合、次のことを表にしています。

- ・クラファンサイト名
- ・商品名
- ・クラファンサイトＵＲＬ
- ・メーカー名
- ・連絡先と連絡手段
- ・メーカー公式サイトＵＲＬ
- ・コンタクトフォームの有無
- ・1stアプローチ日付
- ・備考欄（担当者名や返信のあった日付などを記載）

【図表18　営業履歴リスト・サンプル】

クラファンサイト	商品名	クラファンサイトURL	メーカー名	メールアドレス	フォーム	公式サイト	1st アプローチ	担当者名	返信	2nd アプローチ	3rd アプローチ
INDIEGOGO	The Most Functional Anti-	https://www.indiegogo.co	Pleatpack desig	hello@pleatpack.com		Pleatpack.com	9/19	Nana / Dmitry	9/19, 12/9		
INDIEGOGO	Fravel: The World's Cutes	https://www.indiegogo.co	FRAVEL		機能せず。F	http://www.fravel	12/16				
KICKSTARTER	Toxic-Chemical Free Leat	https://www.kickstarter.c	Zwuits Inc.		facebook（	https://zwuits.co	12/16				
KICKSTARTER	Nakedbootz: Extremely Li	https://www.kickstarter.com/projects/nake		rickb@nakedbootz.com		nakedbootz.com	12/16				
INDIEGOGO	Bravo X Sling: The Ultima	https://www.indiegogo.co	ALPAKA	hello@alpakagear.com		https://alpakage	12/21				
INDIEGOGO	ZERO MATTRESS-MADE	https://www.indiegogo.co	FLEXTAIL Origir	niki@flextailgear.com		http://www.flexta	12/21				
INDIEGOGO	Snowfeet II: Attachments	https://www.indiegogo.co	Snowfeet	hello@snowfeetstore.	あり	https://snowfeet	12/21				
INDIEGOGO	Magware Magnetic Flatwa	https://www.indiegogo.co	COOL MATERIA	shop@coolmaterial.co	あり	https://coolmater	12/21				
INDIEGOGO	GripBeats: Turn Your Han	https://www.indiegogo.co	GripBeats		あり	https://www.gripl	12/21				
INDIEGOGO	Shine Ultra - Next Gen Po	https://www.indiegogo.co	CZUR	sales@czur.com		https://www.czur	12/31				
INDIEGOGO	TEMPEST: A revolutionar	https://www.indiegogo.co	WeatherFlow		あり	https://weatherfl	12/31				
INDIEGOGO	Keeback - futuristic stylish	https://www.indiegogo.co	Keeback	info@keeback.com		https://keeback.c	12/31		1/8	1/8	
INDIEGOGO	SONG X TWS Earbuds: S	https://www.indiegogo.co	SONG X	なし	facebook（メッセンジャー）		1/5				
INDIEGOGO	TripPal - Travel Pillow wit	https://www.indiegogo.co	TripPal	なし	なし	https://trippalgo.com/					
INDIEGOGO	The BUNDL Electric Heat	https://www.indiegogo.co	Dallin Fuller	なし	facebook（メッセンジャー）		1/5				
INDIEGOGO	Sterkmann Travel Bag : T	https://www.indiegogo.co	Sterkmann	charm@sterkmann.us	あり	https://www.sterl	1/5	Shermaine Fuen	1/5	1/5	
INDIEGOGO	Express Your Cinematic S	https://www.indiegogo.co	SIRUI Imaging	sales9@sirui-photo.co	facebook（メッセンジャー）		1/10, 1/12		1/11		
INDIEGOGO	RattanXL: Over 100 Miles	https://www.indiegogo.co	Rattan		あり	https://www.ratta	1/23				
INDIEGOGO	Gaard One: The Ultimate	https://www.indiegogo.co	Gaard One		あり	https://gaardone	1/23				
INDIEGOGO	Open air pants: Flattering	https://www.indiegogo.co	alder apparel	hello@alderapparel.co	なし	https://www.alde	1/23				
INDIEGOGO	Pereira Shavery Complete	https://www.indiegogo.co	PH9.5, Lda. Pereira Shavery		あり	http://www.perei	1/23		1/23	1/23	
INDIEGOGO	INWEIGH - Simple, Sleek	https://www.indiegogo.co	INEYE TECHNC	support@ineyetech.co	あり	https://www.iney	1/23	Preethi Natarajan			
INDIEGOGO	Rollux: The Most Versatile	https://www.indiegogo.co	FUGU Luggage	office@fuguluggage.c	あり	https://fuguluggu	1/23				
INDIEGOGO	PillowPack	https://www.indiegogo.co	PillowPack		あり	https://pillowpacl	1/23	Amber Waldeier	1/23	1/23	1/2
INDIEGOGO	E-LOSTBAG Premium - S	https://www.indiegogo.co	E-LOSTBAG	contact@e-lostbag.co	あり	https://www.e-los	1/23		1/23	1/23	

これなら返信が来たときに、件名に書いてある商品名をコピーしてアプローチリストで照らし合わせれば、すぐにどの商品かわかります。

ちなみに私の場合、基本的には英語で作成したメールのテンプレートを使うのですが、中国や韓国へ営業する際、商品名だけをその国の言葉でコピペして送っています。つまり、返信が来たときに、何の商品か全くわからないのです（笑）。

だからこそリスト化して、検索窓から商品名をコピペすれば、どのサイトから、誰に、いつ送ったものなのか一目瞭然ですよね！　ぜひ参考にしてください。

1人でやられる場合はエクセルでも問題はありませんが、外注される方はスプレッドシートで雛形を作成し、外注さんと共有することをおすすめします。

スプレッドシートなら双方で編集できるため、お互いが使いやすいように管理して進捗状況を随時共有していきましょう。

オリジナルのリストを作成し、営業履歴を明確にしておきましょう

6　まさかの赤字⁉　重要な利益計算の仕方について

かかる費用の種類

クラファンは基本的には利益率30％以上も現実的です。とはいえ、輸入ですからかかる経費の種類もしっかりと把握しておくことが重要です。

私が初めてクラウドファンディングを行ったときにやってしまったミスですが、経費計算を間違えて利益がほとんど出なかったことがあります（ギリギリ赤字にはなりませんでしたが笑）。

たとえ売上が５００万円あっても、利益が５％しかなければあなたの手元に入ってくるのは25万円。せっかく労力をかけるのですから、利益は最低でも20％以上は欲しいですよね。そこでここでは、かかる経費について紹介いたします。

かかる経費の内訳としては、次のとおりです。

①商品の仕入れ金額（原価）
②海外送料
③関税、消費税（およそ20％、ただし革製品は35％～40％）
④国内送料
⑤クラファンサイト手数料（販売金額の20％）

経費計算する際は、「売上（1）－（2）－（3）－（4）－（5）」という計算式が成り立ちますね。

経費計算は、数量や大きさでかなり変動します。国際送料も、船便、ジェット便、コンテナ便など、何を、どこから、どのように送るかによって変わります。

海外送料

物量やボリュームについては実際にクラファンするまでわからないため、概算で計算するようにしましょう！　商品の大きさによって送料は変わってくるため、海外送料は１４０サイズのダンボールで1箱およそ６０００円を目安としておくといいです。

例えば１４０サイズのダンボールに20個入る商品であれば、１個あたりの海外送料は３００円という目安になりますよね！　概算でいいので、ぜひこのように、かかる経費を計算してみてくださいね！

海外輸入は関税＋消費税

海外から商品を輸入する場合は、関税と日本国内の消費税が課税されます。

関税がかからない商品もありますし、基本的には税関のさじ加減で変わるため、残念ながら詳細な計算をすることができません。

概算ですが、通常は関税＋消費税で20％見ておけば問題ありません。が、革製品だけはイレギュラーとなりますので、注意が必要です。

通常：20％（関税10％、消費税10％）

革製品：25％（関税15％、消費税10％）

革靴：40％（関税30％、消費税10％）

特に革靴は、関税30％または４３００円／足のうちいずれか高い税率が適用されます。一足あたり４３００円ということは、１００足だと関税だけで43万円という計算です。

関税率についての詳細につきましては税関のサイトからご確認いただけますので、経費計算する際はこちらを参考にしてみてください。

https://www.customs.go.jp/tetsuzuki/c-answer/imtsukan/1204_jr.htm

（引用元：税関　Ｊａｐａｎ　Ｃｕｓｔｏｍｓより）

その他の経費

これに加え、販売する際に必要な許認可を取っていた場合、認可・認証経費も発生しますし、広告をかければ広告費が発生します。また、国内発送を外注すれば、外注費もかかってきます。

それらを踏まえ、私の場合、販売単価はざっくり商品単価の３倍を目安にしてから計算するようにしています。価格設定に迷われた際はぜひ参考にしてくださいね。

高く設定する分には問題ありませんが、（売れるかどうかはまた別の話）安く設定しすぎて赤字になってしまったことのないようにしましょう！

7『その商品、日本でもう販売されていますよ？』

クラファンできる商品

クラファンできる商品の定義は、覚えていますか？

そう、「まだ日本で売っていない商品」ですね。

せっかく海外メーカーと独占販売契約を結べたにもかかわらず、すでに日本で販売されているケースが起こることがあります。それが「個人輸入による転売」です。

実際に私も経験したのですが、海外メーカーと独占契約書を締結し、ＭＡＫＵＡＫＥにプロジェクト申請をしました。すると、キュレーターさんより「この商品はすでに日本で販売しています」と却下されたことがありました。

慌ててメーカーへ確認するも、「他社とは契約していない」とのことです。「えぇっ？　どういうこと？」と大変困惑しました。

よくよく調べてみると、個人輸入をしたセラーが、アマゾンやＱｏｏ１０（キューテン）などのプラットフォームで販売していました。こうなると、面倒ですがそれぞれのセラーへ連絡し、出品を取り下げてもらわなければなりません。

私の場合、海外メーカーさんから何人かのセラーへ連絡をしていただき、出品取り下げの依頼はしたのですが、海外でかなり人気の商品だったため出品者も多く、収拾がつかなかったためクラファンは諦めました。

個人輸入レベルですと、メーカーも気づかないため難しいところではありますが、プロジェクト申請前に他販路で販売されていないか、ぜひご自身でも調べてみてくださいね。

8　クラファンのメリット・デメリットについて

クラファンのデメリット

いいことばかり言っているけれど、「実際デメリットはないの？」と思う方もいらっしゃると思います。もちろん、デメリットは存在します。ここでは考えつくデメリットを挙げさせていただきます。

・パソコンがないと難しい

これはスマホ1つで簡単に稼げるという類のものではないので、ビジネスとして、パソコンはご用意ください。

マックでもウィンドウズでも構いませんが、ブラウザはグーグルクロームを推奨します。

・参入障壁が高いと感じる

新しいことを取り組むときは、それが何であっても最初は覚えるまで時間がかかりますよね？　飲食店やコンビニのアルバイトだって同じです。でも、コンビニのバイトは難しそうだからやらないという人はいないでしょう。

クラファンは流れさえ覚えてしまえば、やることは非常にシンプルです。そして、難しいと思われがちなので、ライバルが少ないです。

つまり、参入障壁の高さは、デメリットというよりはメリットだと思います。

・毎日コツコツ取り組むことが必要

クラファンは一見、華やかな市場のように思えますが、実はやることは意外と地味な作業が多く、根気が必要です。となると、飽きっぽい人や、毎日コツコツやることが苦手な方には向かないかもしれません。とはいえ、テンプレートさえつくってしまえばあとはリストから送るだけなので、作業自体は非常にシンプル。誰にでもできる仕事と言えます。

もし、この「作業」の部分が億劫なのであれば、早めに外注化することをおすすめします。外注化については次章で詳しくお伝えしますね。

・必要書類を揃えなくてはならない

プラットフォームごとに必要書類は異なりますが、例えばマクアケで初めてプロジェクトをする方は、独占販売契約書の他に、職務経歴書が必要です。そのほかにも、個人の場合は住民票と印鑑証明、法人をお持ちの方は全部履歴事項証明書（登記簿謄本）が必要になります。

法務局や役所、または区民（市民）センターなどに足を運ぶ必要がありますが、大した問題ではないと思います。職務経歴書もネットで雛形があったり、書き方が載っていたりしますので、参考にしながら作成しましょう。

・キャッシュフローが長い

前述しましたが、ここが一番のデメリットですね。営業し、独占販売契約を結んだとしても、実際プロジェクト終了してから翌月末くらいまでは無報酬です（各プラットフォームの入金サイクルは図表16参照・92ページ）。

プロジェクト開始までの期間が短いプラットフォームもありますが、ページ作成にはどうしても時間がかかってしまう部分ですので、最短でも私は入金まで3～4か月見ています。

クラウドファンディングは可能性あふれるビジネスではありますが、キャッシュフローが長いので、いきなり本業を辞めて取り組むのは危険です。今の生活スタイルのまま、副業として取り入れていきましょう。

・オンライン商談など、多言語が必要な場合がある

基本的にはメールだけのやり取りですが、たまにビデオミーティングなどのオンラインで話しませんか？　という海外メーカーさんがいます。

こういうときはクラウドワークスなどで1時間2000〜3000円で外注をお願いしましょう。イレギュラーなケースですが、ここは必要経費として割り切りましょう。

・サンプルが必要

プロジェクト申請をする際、必ず商品が最低1つ手元にある状態でないとなりません。なので、独占販売契約書を締結する際に海外メーカーへ無償サンプルを送ってもらうよう、お願いしましょう。

メーカーによって有償サンプルと言われることもありますが、これも必要経費だと思って割り切りましょう。

・送金準備をしておきましょう

海外メーカーへの支払方法はほとんどの場合、銀行振込かペイパルです。ペイパルですと、送金手数料は499円＋通貨換算手数料（4％）ですが、銀行振込は手数料がかなり高いです。

私も初めての海外送金の際はやり方がわからず、郵便局に行って聞いてみたら、7500円かか

ると言われました。サンプルの代金よりも高い！(笑)。しかも、海外送金の取り扱いのない支店だったので、別の支店に行くように言われました。

結局そのときはサンプル費用は後でもいいと言ってもらえたので、手数料の安い楽天銀行を開設しました。楽天銀行は送金の通貨や金額によりけりですが、個人だと手数料１７５０円ほど、法人だと２０００円～４５００円ほどで送金できます。

もし楽天銀行の口座をすでにお持ちだとしても、デフォルトで海外送金サービスは使えるようになっていません。口座を開設したのち、海外送金申込が必要になります。新規申し込みの際にはマイナンバーカードも必要となります。最初だけ手続が面倒かもしれませんが、今後ずっと使っていくことを考えたら準備しておくことをおすすめいたします。

・たまに契約破棄

これは私も実際に経験したことですが、「契約結ぶよ」と言われてウキウキしながら契約書を送っても一向に返信が来ないことがありました。

早くプロジェクトをスタートしたいので催促したところ、「他の企業と契約することにした」とのことです。日本人ならあり得ないところですが、海外だとこういうこともたまにあります。

酷いときは契約書を交わした後に破棄になることもあります。滅多にありませんが、こういう場面に遭遇してしまったときは、その企業とは縁がなかっただけですので、気にせず次に行きしょう！

思いつく限りのデメリットを挙げてみましたが、いかがでしょうか？　ちょっと面倒だな、とかやっぱり難しそうだな、と思いましたか？（笑）

私は正直、フラストレーションを感じることはありません。なぜなら、やはりメリットのほうが何倍も大きいからです。

☑自己資金が0でもできる（有償サンプルの場合でも数千円で済みます）。
☑単純作業が多いので外注化がしやすい。
☑今の生活スタイルを崩すことなく、完全在宅で取り組むことができる。
☑在庫リスク、アカウントリスクがない。
☑クラファン後の一般販売やＢ ｔｏ Ｂに期待できる。
☑独占販売契約を結ぶため、日本の唯一の販売窓口になれる。
☑値崩れの心配がない。
☑国から支援金や補助金が出る可能性がある。
☑銀行融資が通りやすくなる。
☑社会的信用度が上がる。

最初からこれだけのアドバンテージを持ったビジネスって他にないと思うんです！（あったらぜひ教えてください笑）

まずはやってみて、１つひとつ実績をつくり上げていきましょう！

第7章　作業効率を大幅にアップさせる6つの秘訣

1　収入を2倍に上げる時間活用術

有効な時間活用テク

あなたは今、どんなビジネスをされていますか？

1日中あくせく働いて、平均睡眠時間が3〜4時間の人もいらっしゃるかもしれません。

家賃収入や投資で得た配当でのんびり生活する人もいらっしゃるかもしれません。

会社勤めの方も、起業家も、主婦も子どもも、老若男女問わず共通して持っているのは、「1日は24時間」だということ。そこでここでは、有効な時間活用術についてお話ししたいと思います。

あなたは、「この人といると時間が経つのが早い！」とか、「この作業をしていると、1日があっという間に終わっちゃう」なんて経験はありませんか？

逆に、「この人といると苦痛。10分が1時間に感じる」「まだこれしか時間経ってなかったの？」と思うことはありませんか？

同じ「時間」のはずなのに、早く感じたり遅く感じたりするのは、おかしいと思いませんか？

実はこれ、あなたの〝感情〟によって時間軸に歪みが生じ、時間の流れ方が変わっているんです。

好きな人と過ごす時間や好きな仕事なら何時間でもあっという間に感じてしまうし、ストレスを感じる環境にいると、時間の流れはとても遅くなるように感じます。

ということは、感情をコントロールすれば、時間を有効活用できると思いませんか？

「いやいや、それがわかれば苦労しないわ！」という声が聞こえてきそうですが（笑）、コツさえ掴めば意外と簡単にできます。

例えば、今日は苦手な人と一緒に仕事をしなければならない、とします。気分は憂鬱でしょう。

そんなときにあなたがするべきことは、「視点を変える」ことです。

この仕事をいつもより30分早く終わらせれば、浮いた30分を学びの時間に充てられます！

「じゃあ、どうやって早く終わらせられるかな？」とか「この接待が終われば、帰りにご褒美スイーツを買って帰ろう！」など、ちょっとワクワクすることを想像したり、そのためにできることを考えたりするだけで気分が上がりませんか？

事実は1つだが、解釈は何通りもある

私の尊敬するメンターの言葉に「事実は1つ。だけれども、解釈は何通りにもなる」という言葉があります。

事実は1つですが、解釈は何通りもあります。どうせなら毎日楽しく過ごせる、前向きな感情でありたいですね。それが結果的に、収入アップに繋がると思いませんか？

時間軸のコントロールができるようになれば、インプット（学び）の時間、アウトプット（営業）の時間を増やすことが可能になります。アウトプットの比率を高くしていけば、その分マネタイズ

できる可能性も広がっていきます。

「今日は時間が経つのが遅い」と感じるときほど、視点を変えて、質のよい時間をつくり出してくださいね！

2　〇〇〇して作業時間を超短縮する方法

外注の活用

クラウドファンディングビジネスは夢のあるビジネスですが、とはいえ労働でもありますので、「本業を持ちながら取り組むのは無理！」という方もいるかと思います。

作業時間を大幅に短縮する方法は、ズバリ「外注」です。ここでは、効率よく外注化するためのコツをご紹介します。これは、クラファン以外のビジネスでも有効ですので、早速取り入れてみてくださいね！

まずは、あなたの仕事を棚卸していきましょう！

あなたの仕事内容を細分化し、「作業」と「能力業務」に分けていきます。

「作業」とは、簡単で誰でもできるような仕事です。

「能力業務」は複雑だったり、重要度が高かったりなど、自分で管理したい仕事です。

そして、割り振った「作業」の中から、外注しても問題なさそうな物をピックアップしていきましょう。もちろん「能力業務」も外注可能ではありますが、引き継ぐのも大変だし、いきなり重要な仕事を他人に任せるのは不安ですよね。外注するのは「作業」の中でも時間がかかるなど、ウェイトを占めるものがよいです。これだけでもあなたの負担は確実に減ります。

メール営業の外注化

クラファンでオススメなのが、メール営業の外注化です。

メール営業は言うなれば「作業」。テンプレートさえあれば誰にでもできる仕事です。海外のクラファンサイトにアクセスし、リスト集めや一覧表の作成も外注化にはピッタリです。

ここが仕組み化できてしまえば、あなたは「能力業務」に力を入れることができます。何事も、選択や集中が重要ですからね。

もちろんクラファンは時間と場所に縛られずに取り組めるので、週末の休みやスキマ時間を使って始めてもいいですが、とにかく作業はなるべくしたくないという方は外注がオススメです。

外注化する費用も、クラウドワークスやランサーズで募集すれば、数千円で収まります。「在宅でできる仕事」って今とても人気ですからね！　小一時間かければ引き継ぎや業務説明もできちゃうので、この先「作業」にかける時間を考えたら、外注化は本当にオススメです！

ぜひあなたもご自分の仕事を棚卸し、あなたが注力すべき〝能力業務〟の精度を上げていきましょう！

3　その仕事、本当にあなたがやるべき仕事？精度を上げる「分担」のコツ

契約を取るまでにやるべきこと

あなたのタスクは1日にどのくらいありますか？

ひとり社長、個人事業主、フリーランス、会社の課長など、立場によってタスク量も大きく変わると思いますが、その仕事、本当に〝あなた〟がやるべき仕事でしょうか？

責任感が強いのはもちろんよいことですが、抱えきれないほどのタスクを1人で背負いこむ必要はありません。むしろ、誰かに少し渡してあげないと、あなたのためにも、会社のためにもならないのです。

さて、ここで契約を取るまでに、やるべきことを細分化していきたいと思います。

まずはリストアップしてみましょう。

①クラファンサイトの選定
②商品選定
③メールリスト作成
④営業メールを送る

【図表19　おすすめの外注先】

Lancers　CrowdWorks

coconala

ジモティー　shufti

⑤返信に対してのセカンドアプローチ

このような順になるかと思います。

すべて１人でもできる作業ではありますが、外注化が前提だとすれば、あなたがやるべき仕事はどれだと思いますか？

⑤の「返信に対してのセカンドアプローチ」のみですね！

①〜④はやり方さえ教えてしまえば、あとは外注さんがやってくれます。返信が来て、やっとあなたの出番です。

外注先の探し方

では、どんなところで外注をすればよいのでしょうか？

今はすごく簡単で手軽に募集できますよ！（図表19）

例えば、物販の梱包・発送作業をご自分でやられている方は、繁忙期だけジモティで近場の方にお願いするということも可能です。できるだけ価格は抑えていろんな人にお願いしてみたいという方は、利用者数の多いランサーズなどがオススメです。

いずれにしても引き継ぎが必要ですので、未経験の方に１から教えるのが億劫だという人は経験者のみ募集するなどして工夫してみてくださいね。

引き継ぎ自体あまりしたくないという方は、多少割高にはなりますが、ロジスティック会社と契約するというのもアリですね。

業務内容や求める人材、予算など、さまざまなことを考慮して外注先を見つけてください。

外注するときの募集内容

では、クラファンの作業を外注する場合はどのようにやればよいのか。募集の仕方がわからない人は、まずはランサーズなどで同じような募集内容をチェックしてみましょう！

「在宅ＯＫ」「軽作業」「通訳」「メール送信業務」など、キーワードで選定していってくださいね。

例えばメール営業の場合でしたら、このような文章です。

> 「弊社のメールサイトを使用し、海外企業のリストアップ、メール送信をしてくれる方を募集します。使う言語は英語ですが、テンプレートを用意してありますので、英語が話せなくてもＯＫです。完全在宅・マニュアルあり・毎日の作業は必要ありません。
>
> 応募条件：パソコンをお持ちの方、ネットやメールのやり取りが問題なくできる方、ｃｈｒｏｍｅが使える方、地味な作業のため飽きずに長期的に取り組んでいただける方、英語・

中国語・韓国語に拒否反応のない方。
期間　：１か月〜。長期契約可能。
作業時間：１日10通以上。毎日作業していただく必要はありませんので、ご自身のご都合に合わせて作業していただけます。１日10通の作業時間の目安としては、慣れるまでは１日１時間ほど、慣れれば１日30分ほどで対応可能です。
報酬：固定３０００円。
備考：ご応募の際、以下質問にご回答いただけますと、対応がスムーズになります。
①簡単な自己紹介　②外国語に拒否反応はないか　③１日の作業可能時間
実際の仕事の進め方や詳細につきましては、面談の際に決めていければと思います。

ご応募お待ちしております！」


こちらはあくまで例文なので、あなたの条件に合わせて文章は変えてみてくださいね。

１日あたり10通ということは、１か月でおよそ３００件のメール営業が可能です。報酬が月額３０００円なら、１件あたり何と10円で営業ができるということですね！　安すぎるから応募されないのではないかと思うかもしれませんが、在宅ワークは今かなり需要があるため、月額３０００円でも意外と応募殺到します（笑）。

応募が殺到した場合、全員にお願いすることはできないので、依頼する方を選ばなければなりませんよね。最初だけ時間はかかりますが、ZOOMやスカイプ、ラインビデオ通話などで面談しましょう。

ここで私が重視するのは、レスポンスの早さです。もちろん全員が同じライフスタイルではないためタイミングもありますが、1日以内に返信のない方は今後のことも考えると難しいです。

外注と言えど、今後長くお付き合いしていく方です。あなたに合ったビジネスパートナーを見つけてくださいね！

4　時間に追われているあなたが取り入れるべき、外注化の心得

作業の分担をする

セカンドアプローチ以降では具体的に、MOQ（最小注文数）が必要なのか、卸値はいくらなのか、納期や保証範囲等の契約の詳細を詰めていきます。

MOQは限りなく0に近い数字になるように交渉したり、卸値に対して販売価格はいくらで設定したりすればよいのか、などの数字の計算も必要になってきます。これは「能力業務」になるでしょう。

これらが決まれば、あとは独占販売契約を結び日本のクラファンサイトに掲載相談という流れになります。

はじめは流れを知るために１人ですべてやってもいいと思います。ですが、普段の自分の仕事もある中で、これら作業を１人でやり続けるには限界があります。

これはクラファンのみならず。「能力業務」が来たときに本領発揮ができるよう、ぜひ今から作業の分担を始めてみてはいかがでしょうか？

海外のクラファンサイトから見つける営業先、商品の選定

海外のクラファンサイトから見つける営業先、商品の選定ですが、外注化するときには引き継ぎをしなければならないため、まずはあなたが知っておく必要がありますよね。外注さんに説明できるようにするためにも、ざっくりでいいので特徴を抑えておいてください。

主力なところで言えば、ＫＩＣＫＳＴＡＲＴＥＲ。

(https://www.kickstarter.com)

ここはアメリカのクラファンサイトで、「世界で初めて世の中に出す商品」が前提となっています。そのため、日本で販売した実績はまずありません。

商品数はとてつもなく多く、様々なカテゴリーが存在します。メール営業するには１番の有力候補と言えます。ただし返信率はあまり高くはありません。

次に、ＩＮＤＩＥＧＯＧＯ。

(https://www.indiegogo.com/)

こちらもアメリカのサイトでＫＩＣＫＳＴＡＲＴＥＲと一緒に使っている海外メーカーが多いため、有力候補と言えます。商品数もかなり多いです。実戦上、ＫＩＣＫＳＴＡＲＴＥＲよりは若干返信率は高いです。

韓国からは、ＷＡＤＩＺがオススメ。

(https://www.wadiz.kr/web/main)

こちらは日本の大手クラファンサイト、ＭＡＫＵＡＫＥと提携しているため、審査が通りやすいです。

感覚値ですが、韓国は返信率が結構高いです。

他にも、中国のサイトでは次の２つがおすすめです。

ＴＡＯＢＡＯ

(https://world.taobao.com/)

ＺｅｃＺｅｃ

(https://www.zeczec.com/)

世界中にはたくさんのクラファンサイトが存在します。

営業メールはその国が普段使うツールやアプリを使う

こういうサイトから営業メールを送る場合、その国でよく使われる連絡手段を使うとよいですね。

基本的にはメールやフェイスブックのメッセンジャー、中国系であれば「ＡｌｉＷａｎｇｗａｎｇ（アーリーワンワン）」というアプリを使うと便利です。

相手が普段から使う連絡手段であれば、メールの返信率も大幅にアップします！

ぜひ、相手の立場に立って、気持ちのいい営業をしていきましょう。

サイトをリスト化して外注化に備える

海外サイト選定や商品選定、メール営業などの単純作業こそ、外注化にピッタリの業務ですね。

まずはこういうサイトをリスト化しておき、使うべきアプリのインストールや、外注さんにも共有できるアカウントを作成しておきましょう。いざ外注化する際にこのリストを渡せば、仕事の効率化も図れます。

あなたも、外注さんも、工夫して作業効率を大幅にアップさせていきましょう！

5　実は簡単!?　3か月以内にプロジェクトを始める方法

ゴールからの逆算

何事もそうですが、人はゴールや目標がないと、それに向かって頑張れません。なんとなくダラダラしてしまったり、ただの作業で１日を終えてしまったり、それでは非常にもったいないです。

そこで、ここではゴールや目標の正しい設定の仕方をお伝えいたします。

もし、あなたがこれから3か月以内にクラウドファンディングで1プロジェクトやってみたいと思っているのであれば、ぜひこの方法を取り入れてみてください。

それは、「ゴールからの逆算」です。

例えば、来月、海外で商談があるとします。

・海外の方ときちんと意思疎通を図りたいから、ベテランの通訳を連れて行こう。
・プレゼン資料は英語にしておく必要があるな。
・少しでも聞き取れるように今から英語に馴染んでおこう。
・予約がいっぱいにならないうちに飛行機と宿の手配をしなくては。
・現地で観光も楽しめるよう、事前に行きたいところをリサーチしておこう。
・パスポートの期限は大丈夫かな?

このように自分の中で確認事項、やるべきことをリスト化していきます。スケジュールを細分化していくうちに、来週やるべきこと、明日やるべきこと、1週間、1日単位でのタスクが明確になっていきます。

大事なのは、「いつまでに」を明確にすること。ゴールが明確であれば、それに合わせて逆算することができるのです。

では、3か月以内にクラファンするにはどのように目標を設定するべきか?

まず、プロジェクトをスタートする日を決めちゃいましょう！

仮に10月１日に設定したとします。プロジェクト申請からページ掲載まで、およそ１か月程度かかるので、９月１日までには契約が決まっている状態でないといけません。例えば今が７月15日だとしたら、残り１か月半で契約をしなければですね！

だいたい10件のメール営業で１件返信が来る見込みです（返信率が10％を下回るのであれば、メール営業テンプレートを見直しましょう）。返信が来て、そこから条件の擦り合わせをしていくので、実際に契約まで漕ぎ着けるのはそのうちの10％くらいの割合です。

ということは、およそ１００通メールを送れば、１件契約が決まるということです。もちろん誤差は出ますが、数字にすると大体こんな感じです。

あと１か月半で１００件のメールを送るとしたら、１日に何通メールを送ればいいのか？とすると、クラファンに費やす時間は１日何分くらい必要か？

このように逆算していくのです。

この場合ですと、大体１日２～３通ですから、１日あたり30分もかけずに営業できますね。どうでしょうか？　これなら難しくありませんよね？

こうやって、まずはゴールを決め、ゴールからの逆算をしていくと、自ずと自分が日々やるべきことが明確になっていきます。難しそうに感じていたことも、やるべきことを細分化して、数値化していくことで、ハードルは下がったのではないでしょうか？

ぜひゴールを明確にし、今日の、明日の作業に繫げていってください。

6 ハッタリは最大の武器！ 契約を最短で取るための秘訣

0→1（ゼロイチ）の経験を積むこと

どんなビジネスでもそうですが、「0→1（ゼロイチ）」をつくることが一番難しいですよね。クラファンの場合、最初の契約を取ることが一番難しいポイントです。

クラファンをビジネスとして捉え、まず最初にぶつかるのが、「営業メールは送ったけれど返信が全然来ない」という壁です。実は返事が来ないためモチベーションが保てずに、挫折してしまう人は少なくありません。だからこそ、ライバルが少なくていいのですけどね（笑）。

やり方がわからない最初のうちは難しく考えがちですが、契約を取り一度クラファンを経験してしまうと、次からプロジェクトを進めることはとても簡単になります。

というのも、これはよくある話なのですが、契約したメーカーさんから別商品のご提案をいただけたりするんです。

「今、こんな新商品を開発中だよ」「次はこの商品リリースするよ」と営業せずとも相手から案件を振ってくれるようになります。これ、めちゃくちゃいいですよね！ だからこそ、とにかく「0→1」の経験を積むことが重要です。

契約を最速で取る

契約さえ取れてしまえばモチベーションが下がることはまずないので、次々と新しい案件に取り組むことができます。

ということは、契約を最速で取ればいいと思いませんか？

契約を最速で取るためには、まずメールはテンプレート化すること。

相手の会社名、商品名を入れて送信するだけの状態にしておけば、かなりの時間短縮に繋がります。営業するときに重要なのはいかに効率よく短時間でメールを送るか。ここに何時間もかけてしまうと、そのうちしんどくなり途中でやめてしまうんです。

ハッタリが武器である

そして私が一番お伝えしたいのは、〝ハッタリが武器である〟ということ。

「今回初めてのクラファンで……」「契約してくれたら助かります」みたいな低姿勢でメールを送ってしまうと、「コイツで大丈夫か？」となってしまいますよね。

「私は販売のプロです！　どこよりもあなたの商品を売ってみせます！」「日本の市場参入に興味があればお任せください！」と熱い気持ちで営業していきましょう。意気込みがすごく大事です。

ハッタリでいいのです（笑）。

私自身も、最初は当然実績なんてありませんから、とにかく熱意を伝えまくりました。

１日も早く契約を取る

契約が取れたら、それが売上に直結するわけですから、実績があろうがなかろうが死に物狂いで頑張りますよね？　それでよいのです。実際は手が震えるほど自信がなかったとしても、メールなので相手には伝わりませんから（笑）。

また、毎日のようにメール営業をしているとそのうち慣れてきますが、メールを送ること自体に満足はしないでください。あくまでも契約を取るために数を打つこと。ぜひこれを意識して取り組んでみてください。海外メーカーへあなたの熱意を伝えてください。

あなたが1日も早く契約を取ることを祈っています。

初めてのクラファンはリターン配送完了まで、次のプロジェクトはスタートできない

マクアケの場合、初めてのクラファンはすべてのリターン配送が完了するまで、次のプロジェクトはスタートできません。まずは1プロジェクト完遂し、マクアケで実績と信用を積むイメージです。

プロジェクト前は契約や打ち合わせ、書類の提出にページ作成等、何かとやることも多いのですが、プロジェクトが始まってしまえば、終了までほとんどやることはありません（広告を出したりすれば別ですが）。

ですから、まずは1プロジェクトをスタートさせ、プロジェクト期間中に次の商品を探し、リターン配送が完了するまでに次回のクラファン商品の契約を結ぶことを目標に取り組んでみてくだ

さい。「そんな余裕ないよ」と思う方もいらっしゃるかもしれませんが、プロジェクトがスタートして気が抜けてしまうと、立ち止まってしまいます。

このビジネスはクラファンすることがゴールではありません。1つの商品を複数回クラファンして、長く一般販売していくことが理想です。ですが、メーカーとの契約期間が終了してしまったらどうでしょうか？　仮に1つの商品しか扱っていなかった場合、メーカーとの契約が終了した時点で、あなたに独占して販売する商品はなくなってしまいます。単純に売上アップのためだけでなく、リスクヘッジのためにも、商品は複数持っていたほうがいいですよね。

毎日根詰めて、無理して取り組む必要はありませんが、細く長く、続けてほしいと思います。マクアケでも、2回目以降から複数のプロジェクトを同時進行できますので、いろんなメーカーさんと交渉し、いろんな商品にチャレンジしてみてください。

また、海外メーカーさんとも誠実にお付き合いすることで、別商品のオファーをいただけるようになったり、他社メーカーをご紹介していただけることもあります。「海外メーカーさんって横の繋がりが結構強いんだなぁ」と思うこともあります。

なので、理不尽なことを言われても、喧嘩腰にはならないようにしてください。イエスマンになれと言っているわけではなく、もちろん言うべきことはしっかり主張すべきですが、自分が言われて嫌だと思うようなことは言わないようにしてくださいね（当たり前ですが）。

ぜひ、自分がされたら嬉しい対応を心がけ、楽しみながら取り組んでいきましょう！

おわりに

いかがでしたでしょうか？

本書では、ビジネス初心者でも大きく収益を上げられる方法の1つとして、購入型クラウドファンディングについてお伝えいたしました。

その中でも、海外商品の日本の販売窓口となる「代理店クラファン」は、資金や在庫リスクも0のビジネスモデルです。主婦でも初心者でも副業でも、生活スタイルを変えることなく大きな事業の柱を構築できるため、どんな方にも挑戦してほしいと思っています！

2021年、コロナウイルスは未だ終息には至らず、多くの人が少なからず影響を受けています。今後終息したとしても、これまでのような生活スタイルには戻れないでしょう。

この不況時代を生き抜くには、戦略立てて行動していかなければなりません。

もし、あなたが直接的な被害はないけれど、いつ収入が減るかわからない不安を抱えていたり、複数の収入の柱を持っておきたいと思っているのであれば、本書をきっかけにクラファンをスタートすることをオススメします。

クラウドファンディングビジネスは、資金調達のみならず、その先のビジネス展開にも期待できる、夢のあるビジネスであると私は思っています。

国内せどりをしていると、どうしても在庫リスク、値下がりリスク、アカウントリスクが付きまといます。そんな不安やリスクがすべて解消できる上、国から補助金が出たり、銀行から融資が受けやすくなったり、など社会的にも信用されているビジネスモデルは他になかなかないと思います。

これだけは覚えておいていただきたいのは、クラウドファンディングはあくまでも「テストマーケティング」だということです。海外商品を、クラウドファンディングという1つの手段として出品する——プロジェクト終了後にできることは、ズバリ「一般販売」です。

自社サイトで販売することはもちろん、アマゾンや楽天などのECで販売することもできますし、展示会にも出展できます。

また、企業間取引に持ち込むことができれば、あとはもう右から左となります。営業や販促活動をすることなく、収益が毎月発生するようになるんです。

これこそが、クラファンビジネスの醍醐味です。クラファンでテストマーケティングした商品には、その後の展開も期待できるのです。

どうでしょうか？　すごくないですか？　私は初めてこれを知ったとき、興奮して眠れませんでした（笑）。これこそ、物販最強の「権利収入」ではないでしょうか？

ここで得た収益を次回のプロジェクトの広告費に回すことも、ＯＥＭの資金に回すことも可能となります！　私も次のステージとして、今後は自社ブランド確立に向けて取り組んでいきたいと思っています。

私は8歳の娘をもつシングルマザーです。２０２０年にはコロナに便乗した詐欺にも遭いました。

被害額は550万円。一時期はクレジットカードもつくれなくなり、正直、死にたいとさえ思いました。そんな状況でも立て直すことができたのは、間違いなく「物販」のおかげです。

国内せどりで目先のキャッシュを回し、クラウドファンディングで長期的に大きく売上を伸ばしていくこと。これが私にはぴったりのビジネスモデルでした。

今では法人化することができ、クラウドファンディングで扱った商品がテレビで取り上げられたり、本書を執筆させていただけたり、と今まで想像もできなかったことを体験させていただいています。

ぜひ、あなたも取り組んでみてください！　今のライフスタイルを変えることなく、無理なく始められるビジネスモデルなので、きっとあなたも向こう1年で大きく変化できることでしょう。

お金がないために我慢している方は大勢います。コロナが理由だったり、子どもが小さいから働けないことが理由だったり、収入が足りない背景は人それぞれですが、クラファンビジネスを通して、節約にフォーカスするのではなく、収入を増やすことにフォーカスできるようになります。

本書が、1人でも多くの方の背中を押すきっかけになれば幸いです。

私と一緒に頑張っていきましょう！

最後までお読みいただきありがとうございました。

櫻井　あみ

＜＜書籍購入特典＞＞

今回、本書をご購入いただいた特典として、
私が実際に使用している「独占販売契約書」の雛形を
プレゼントさせていただきます！

ダウンロードしてから、ご自身が使いやすいように編集して
ご活用くださいませ。

契約がスムーズに進められることを祈っています！

https://tinyurl.com/texr8xty

著者略歴

櫻井　あみ（さくらい　あみ）

1984年、東京都生まれ。高校卒業後、ロサンゼルスへ留学。アメリカの学校を卒業後、日本の商社へ入社。11年勤めたのち、コピーライターへ転身。

2019年、クラウドファンディングビジネスに出会い輸入事業部を設立。年間で５本のプロジェクトを立ち上げる。物販ビジネスはスタートして８か月で月商1000万円を達成し、2020年に法人化。

現在はＥＣサイトにて一般販売をしながら、物販コンサルタントとして活動中。世の中のシングルマザーの方に勇気と希望を与えるべく、シンママ限定のコンテンツも制作中。


Amazonセラーのあなたに贈る！

国内物販の一歩先の「物販ビジネス」の教科書

2021年7月9日　初版発行　　2024年3月5日　第2刷発行

著　者　櫻井　あみ　

発行人　森　　忠順

発行所　株式会社 セルバ出版
〒113-0034
東京都文京区湯島1丁目12番6号 高関ビル5B
☎ 03（5812）1178　　FAX 03（5812）1188
http://www.seluba.co.jp/

発　売　株式会社 三省堂書店／創英社
〒101-0051
東京都千代田区神田神保町1丁目1番地
☎ 03（3291）2295　　FAX 03（3292）7687

印刷・製本　株式会社丸井工文社

Printed in JAPAN
ISBN978-4-86367-672-5